Schriften der EBS Law School

herausgegeben von
der EBS Universität für Wirtschaft und Recht

Band 14

Michael Nietsch (Hrsg.)

Lieferkettensorgfaltspflichtengesetz

8. Wiesbadener Compliance-Tag der EBS Law School –
Center for Corporate Compliance

Nomos

Onlineversion
Nomos eLibrary

Die Deutsche Nationalbibliothek verzeichnet diese Publikation in der Deutschen Nationalbibliografie; detaillierte bibliographische Daten sind im Internet über http://dnb.d-nb.de abrufbar.

ISBN 978-3-8487-8913-9 (Print)
ISBN 978-3-7489-2970-3 (ePDF)

1. Auflage 2023

Inhalt

Einleitung

Der Schutz von Menschenrechten und die Schaffung verpflichtender Sozialstandards in globalen Wertschöpfungsketten stehen seit nahezu drei Jahrzehnten in der rechtspolitischen Diskussion. Gekennzeichnet ist diese nach wie vor durch erhebliche Kontroversen. In Rede stehen zahlreiche sozialpolitische, wirtschaftliche und nicht zuletzt rechtliche Grundsatzfragen. Diese betreffen vielfach die sachgerechte Aufteilung der Verantwortung zwischen Staaten und Unternehmen. Die EU-Kommission hat nach langer Zeit internen rechtspolitischen Ringens im Februar 2022 den Vorschlag einer nachhaltigkeitsbezogenen Sorgfaltspflichtenrichtlinie (Corporate Sustainability Due Diligence Directive) vorgelegt. Deutschland hat der Entwicklung ebenso wie andere Staaten vorweggegriffen und im Juni 2021 das sog. Lieferkettensorgfaltspflichtengesetz (LkSG) verabschiedet. Es handelt sich um eine aufsehenerregende Entwicklung. Sie hat als Richtungsentscheidung nicht nur für die in ausländischen Lieferketten Beschäftigten und Unternehmen Bedeutung, sondern betrifft in einer von Import und Außenhandel bestimmten Volkswirtschaft wie der deutschen gesamtwirtschaftliche Interessen. Auf dem Prüfstand steht weiter die ökonomische Entwicklungsperspektive von Schwellenländern.

Eine eingehende Befassung und wissenschaftliche Fundierung der Regelungskonzeption fand in Deutschland bemerkenswerterweise weder vor noch während des Gesetzgebungsverfahrens statt. Eine solche tut also weiterhin Not, lassen sich gebotene Umsetzungsmaßnahmen aus Unternehmenssicht und eine sachgerechte Handhabung durch Behörden ansonsten kaum erreichen. Selbiges gilt für das Hauptanliegen: Einer perspektivisch dauerhaften Verbesserung der Menschenrechte und sozialen Verhältnisse im internationalen Wirtschaftsverkehr. Der VIII. Wiesbadener Compliance Tag fand vor diesem Hintergrund mit der Zielsetzung statt, die nach wie vor notwendige Diskussion zu Grundlagen und Bestandteilen der genannten Entwicklung weiterzubefördern.

Das Bestreben der Tagung bestand dabei nicht nur in der Analyse und Folgenabschätzung der wesentlichen Teile des LkSG. Vielmehr galt und gilt es weiterhin, wesentliche Prämissen einer unternehmerischen Menschenrechtsverantwortung zu erarbeiten. Der nachfolgende Tagungsband enthält die Schriftfassungen der auf der Veranstaltung gehaltenen Referate. Obwohl die Entwicklung seit ihrer Durchführung vorangeschritten und zahlreiche Unternehmen angesichts des herannahenden Inkrafttretens des

Gesetzes am 1. Januar 2023 bereits weitgehende Umsetzungsmaßnahmen ergriffen haben, behalten die Beiträge der Mitwirkenden uneingeschränkt ihre aktuelle Bedeutung.

Das gilt zunächst für die Vermessung der als Menschenrechte bezeichneten Schutzpositionen. Denn ungeachtet der katalogartigen Konkretisierung durch das LkSG erweist sich deren Bestimmung vielfach als Herausforderung und steht vorliegend noch am Anfang. Grund für beides sind unter anderem die neuartigen im Gesetz enthaltenen Verweisungen auf internationale Abkommen. Der Beitrag von *Markus Kaltenborn* geht deswegen insbesondere zwei Fragen nach: dazu gehörte zum einen, ob die Bezugnahme auf Menschenrechtsabkommen zu vage und unbestimmt formuliert ist, um einen tauglichen Maßstab für die Anwendung der zahlreichen Pflichten des LkSG und ihrer Sanktionsbewehrung bilden zu können. Zum anderen wird der Frage Beachtung gezollt, ob es nicht entscheidendes Wesensmerkmal der Menschenrechte sei, an deren Beachtung nur Staaten zu binden und namentlich Privatrechtssubjekte als Adressaten völkerrechtlicher Abkommen außer Betracht zu lassen. Inhaltlich legt das Referat zunächst die Mechanismen dar, mit denen internationale Organisationen die Umsetzung von Abkommen zum Schutze der Menschenrechte begleiten. Dabei gelangt der Verfasser zu der Einschätzung, dass nicht nur ein hinreichender Detaillierungsgrad hergestellt werden könne, sondern angesichts der umfassenden Ratifizierung auch ein überwiegend universeller Charakter der Menschenrechte zu bejahen sei. Deren Bewahrung und kontinuierliche Entwicklung werde darüber hinaus auch im extraterritorialen Kontext vorgegeben.

Die beiden nachfolgenden Beiträge dienen der phänomenologischen Erfassung von Wertschöpfungsketten als Regelungssubstraten. Das Referat von *David Wuttke* veranschaulicht zunächst, dass es sich bei den sogenannten „Lieferketten" um komplexe und mehrdimensionale Mechanismen internationaler Wirtschaftskreisläufe handelt. Zugleich zeigt der Verfasser auf, welche Erwägungen aus Sicht der Transportlogistik dabei zum Zuge kommen. *Michael Nietsch* nimmt den daraus abzuleitenden realtypischen Befund zum Anlass, die Wertschöpfungskette als gesetzlichen Anknüpfungspunkt für das Lieferkettengesetz und der darin enthaltenen Sorgfaltspflichten näher in den Blick zu nehmen. In seinem Referat untersucht er den persönlichen und sachlichen Anwendungsbereich der gesetzlichen Sorgfaltsregelungen. Anlass dazu geben Unklarheiten bei der Zurechnung von Beschäftigten im Rahmen der notwendigen Mitarbeiterzahl. Zugleich bedarf aber vor allem der Begriff des eigenen Geschäftsbereichs als Kriterium der Sphärenabgrenzung für Wertschöpfungsprozesse der Konkretisierung. In gleicher Weise gilt das für die vom LkSG in Betracht gezogene konzernweite Erstreckung von Sorgfaltspflichten.

Birgit Spiesshofer widmet sich in ihren Ausführungen nach einer grundlegenden Einbettung des LkSG in den Kontext der UN Leitprinzipien und der OECD Leitsätze für Multinationale Unternehmen den konkreten Sorgfaltsanforderungen, die das Gesetz mit sich bringt. Ihr Beitrag eröffnet die auf den praktischen Umsetzungsbedarf des LkSG zielenden Referate. Behandelt werden in diesem Zusammenhang neben den Elementen der Sorgfaltspflicht und den im Gesetz angelegten Verhältnismäßigkeitskriterien auch Differenzierungen, die sich aus der Charakterisierung als „Bemühenspflicht" ergeben. Anders als ausländische Regelungsvorbilder, insbesondere das französische *Loi de Vigilance*, setzt das deutsche Recht in erster Linie erkennbar auf wirtschaftsaufsichtsrechtliche Durchsetzungsmechanismen.

Die Maßgabe, wonach eine Verletzung der gesetzlichen Sorgfaltspflichten eine Haftung nicht begründe, enthält ungeachtet der nachfolgenden Verweisung auf allgemeine Schadensersatzpflichten (vgl. § 3 III LkSG) eine klare Tendenzaussage zugunsten des sog. „Public Enforcement". *Thomas Voland* geht in seinem Referat deswegen eingehend auf die behördliche Kontrolle und Gesetzesdurchsetzung durch das Bundesamt für Wirtschaft und Ausfuhrkontrolle (BAFA) ein. Behandelt wird dabei unter anderem die schwierige Frage, unter welchen Voraussetzungen die Behörde auf Antrag tätig werden muss (Private Public Enforcement). Im Mittelpunkt der Aufmerksamkeit stehen weiter die umfangreich geregelten Befugnisse des BAFA einschließlich der zu Gebote stehenden Möglichkeiten einer Sanktionierung von Verstößen.

Die nicht selten vorgebrachten Hinweise auf ausländische Regelungsvorbilder deuten nahezu stets auf das französische Recht hin. Angesprochen ist damit das *Loi de Vigilance*. Grund genug für eine Befassung mit den darin enthaltenen Sorgfaltspflichten besteht in mehrerlei Hinsicht. Dazu gehört zunächst der Umstand, dass das Gesetz als eines der ersten über reine Transparenznormen hinausgehenden Regelungswerke bereits im Jahr 2017 in Kraft getreten ist. Die einschlägigen Erfahrungen der letzten Jahre geben Anlass zu einer Bestandsaufnahme. *Elisabeth Gambert* vermittelt in ihrem Referat dazu einen Überblick, der den Verlauf bislang anhängiger Gerichtsverfahren in Frankreich schildert. Zugleich macht der Beitrag bestehende Unklarheiten der von französischen Unternehmen aufzustellenden Anforderungen im Bereich ihrer Sorgfaltspläne deutlich.

Der nachfolgende Abschnitt befasst sich sektorenspezifisch zunächst mit der Lieferkettensorgfalt aus Bankensicht. Zwar lässt sich einerseits nicht übersehen, dass das LkSG die Finanzindustrie nur eingeschränkt in der

Pflicht sieht. Andererseits darf man nicht verkennen, dass an anderer Stelle, und zwar namentlich im Rahmen der Umsetzung der OECD Leitprinzipien ergangenen Stellungnahmen, eine Schlüsselrolle von Banken angenommen wird. *Christian Wagemann* stellt sich deswegen in seinem Referat der Aufgabe, vorhandene Strukturen und Funktionselemente der Risikosteuerung im Bankaufsichtsrecht zu den spezifischen Anforderungen des Lieferkettenrechts ins Verhältnis zu setzen. Wiederum zeigen sich Bedeutung und Schwierigkeiten im Rahmen des Begriffs des eigenen Geschäftsbereichs. In gleicher Weise macht der Verfasser deutlich, dass aus Sicht von Kreditinstituten Informations- und Kontrollrechten gesteigerte Bedeutung zukommt. *Janina Lukas* und *David Schneider* vermitteln in ihrem abschließenden Beitrag die Perspektive eines multinationalen Konzerns der Realwirtschaft. Sie illustrieren, mit welchen internen Prozessen den Herausforderungen bei der Umsetzung des LkSG begegnet werden kann. Dabei liefern sie zugleich Anschauungsmaterial für das Zusammenspiel von Compliance- und Nachhaltigkeitsabteilung im Unternehmen. Dem Leser erschließt sich, wie sich durch eine strukturelle Analyse und daraus abgeleitete Behandlungsmaßnahmen eine effektive Lieferketten-Compliance entwickeln lässt.

In der Gesamtschau der Tagung und der hier vorgelegten Schriftfassungen der dabei gehaltenen Referate zeigt sich, dass über die Notwendigkeit unternehmerischer Beteiligung zur Verbesserung der Menschenrechtssituation in internationalen Wirtschaftskreisläufen heutzutage weitgehende Einigkeit besteht. Unklar ist dagegen die Reichweite der damit verbundenen Verantwortung und die Wahl der Mittel. Als fortbestehende Herausforderung erweist sich namentlich eine sachgerechte Aufteilung zwischen Privatwirtschaft und Staat. Nachdenklich stimmen sollten daher die im jetzigen Stadium verfrüht erscheinenden Forderungen nach einer zivilrechtlichen Schadensersatzhaftung von Unternehmen und einer Ausschöpfung der vom LkSG zur Verfügung gestellten Sanktionsmechanismen. Vieles spricht dafür, unternehmerische Sorgfaltspflichten in Lieferketten als neuartiges Regelungsinstrument zu begreifen und dieses in seiner Konzeption problemorientiert weiter auszudifferenzieren. Nicht zuletzt das Petitum einer engen Kooperation von Politik, Unternehmen und Verbänden auf der einen sowie der Zivilgesellschaft auf der anderen Seite verdient deswegen zu Recht besondere Aufmerksamkeit. Nur auf dieser Grundlage lassen sich langfristig überzeugende und im Sinne einer Verbesserung der Menschenrechtssituation von Beschäftigten wirkende Strategien entwickeln und verwirklichen.

Der Herausgeber dankt an dieser Stelle Frau Stefanie Klein und Herrn Dominik Zwirner für ihre Lektoratsarbeit und der Anwaltssozietät *Norton Rose Fulbright* für die unverzichtbare finanzielle Unterstützung der Tagung und Projekte des *Center for Corporate Compliance* an der EBS Law School.

Wiesbaden, den 09.09.2022 *Michael Nietsch*

Menschenrechtliche Anforderungen an Unternehmen nach dem Lieferkettensorgfaltspflichtengesetz

*Prof. Dr. Markus Kaltenborn**

Das *Lieferkettensorgfaltspflichtengesetz* (LkSG)[1] ist in vielerlei Hinsicht umstritten: Manchen Akteuren gehen die Bestimmungen deutlich zu weit, sie sind in ihren Augen unklar formuliert und entweder gar nicht oder jedenfalls nur mit unverhältnismäßigem Aufwand umsetzbar. Andere kritisieren das Gesetz, weil es aus ihrer Sicht nur halbherzig die menschenrechtlichen Sorgfaltspflichten im nationalen Recht verankert. Nichtregierungsorganisationen, die sich in diesem Bereich engagieren, bemängeln insbesondere die fehlende Präzisierung der zivilrechtlichen Haftung, aber auch den eingeschränkten Anwendungsbereich des Gesetzes. Der Kreis der erfassten Unternehmen sei zu eng gefasst, und auch nur ein kleiner Teil der Lieferkette werde effektiv in den Schutz des Gesetzes einbezogen.[2]

Wendet man sich den spezifisch menschenrechtlichen Fragestellungen zu, die mit dem Gesetz verbunden sind, dann bestehen hingegen – jedenfalls im Grundsatz – nur wenige Meinungsverschiedenheiten. Alle Akteure sind sich einig, dass es wichtig ist, in den globalen Lieferketten signifikante Verbesserungen des Menschenrechtsschutzes zu erreichen. Niemand behauptet ernsthaft, dass die zum Teil unhaltbaren Zustände in den Fabriken und Werkstätten, in den Minen und auf den Plantagen des Globalen Südens hingenommen werden müssten, weil man leider keine Möglichkeit habe, auf die Arbeitsbedingungen in anderen Ländern Einfluss zu

---

* Der Autor ist Inhaber des Lehrstuhls für öffentliches Recht (insb. Finanzverfassungs- und Gesundheitsrecht) an der Ruhr-Universität Bochum.

1 BGBl. 2021 I, S. 2959.

2 Für die unterschiedlichen Sichtweisen siehe stellvertretend die Stellungnahmen des BDI-Hauptgeschäftsführers *Joachim Lang* (https://bdi.eu/artikel/news/staat-darf-unternehmen-mit-auslegung-der-pflichten-nicht-im-regen-stehen-lassen/) und der *Initiative Lieferkettengesetz* (https://lieferkettengesetz.de/pressemitteilung/kommentar-lieferkettengesetz-noch-nicht-am-ziel-aber-endlich-am-start/). Einen guten Überblick über die unterschiedlichen politischen und rechtlichen Argumente gibt *Veronika Thalhammer*, Das umstrittene Lieferkettensorgfaltspflichtengesetz – Ein juristischer Blick auf Kritik aus Zivilgesellschaft, Wirtschaft und Politik, Die Öffentliche Verwaltung (DÖV) 2021, 825 ff.

nehmen. Schwieriger wird es hingegen, wenn man sich der Frage nähert, wie denn nun konkret auf diese Missstände reagiert werden sollte. Vor allem zwei Einwände werden dann in der Diskussion gerne gegen das Gesetz vorgebracht:

(1.) Zum einen nehme das LkSG auf Menschenrechtsabkommen Bezug, deren Vorschriften viel zu vage und unbestimmt formuliert seien, als dass sie einen tauglichen Maßstab für die Anwendung der zahlreichen sanktionsbewehrten Pflichten bilden könnten, die den Unternehmen mit dem Gesetz auferlegt werden.

(2.) Und zum anderen sei es doch gerade ein entscheidendes Wesensmerkmal der Menschenrechte, dass nur die Staaten an sie gebunden seien, nicht jedoch private Rechtssubjekte. Mit dem LkSG wälze die Bundesregierung daher die eigentlich ihr – bzw. den Heimatstaaten der Opfer von Menschenrechtsverletzungen – obliegende Verantwortung auf die Unternehmen ab.

Beide Einwände sind selbstverständlich ernst zu nehmen. Auch wenn sie, wie im Folgenden dargelegt wird, im Ergebnis nicht zutreffen, so geben sie doch Hinweise auf zum Teil noch offene Fragen – nicht nur hinsichtlich der Implementierung der lieferkettenrelevanten unternehmerischen Sorgfaltspflichten, sondern auch in Bezug auf den entwicklungs- und außenwirtschaftspolitischen Gesamtkontext, in den das Gesetz eingebettet ist.

I. Zur Frage der Bestimmtheit der im LkSG in Bezug genommenen Menschenrechtsgewährleistungen

Bevor der Entwurf des LkSG veröffentlicht worden ist, hatte der erste Einwand, die Menschenrechte seien schon begrifflich zu unpräzise, um einen praktikablen Maßstab für rechtlich verbindliche Sorgfaltspflichten zu bilden, besonderes Gewicht, weil nicht bekannt war, auf welche Menschenrechtsabkommen der Gesetzgeber verweisen würde. Mit dem Konzept der „menschenrechtlichen Risiken“ in § 2 Abs. 2 LkSG hat er nun zwar den Schwerpunkt auf Menschenrechtsgarantien gelegt, die in mehreren Abkommen der Internationalen Arbeitsorganisation (ILO) detailliert ausgeformt worden sind. Doch der Risiken-Katalog enthält auch Verweise auf Menschenrechte, die nicht in den im Anhang genannten ILO-Dokumenten, sondern allein im *Internationalen Pakt über wirtschaftliche, soziale und kulturelle Rechte* (IPwskR)[3] geregelt sind, wie z.B. die Arbeitsschutzregeln (Art. 7 [b] und [d] IPwskR) oder das Recht auf einen angemessenen Lohn (Art. 7 [a] IPwskR). Vor allem aber gibt es einen Auffangtatbestand in § 2 Abs. 2 Nr. 12 LkSG, der auch ganz generell die Garantien der beiden UN-Menschenrechtspakte von 1966[4] in den Anwendungsbereich des Gesetzes einbezieht. Insofern bleiben die Bedenken hinsichtlich der (angeblich) mangelnden Bestimmtheit der Menschenrechte weiterhin relevant, auch wenn sie sich in erster Linie auf diese beiden Pakte beziehen.[5]

In der Tat geben manche Menschenrechtsgewährleistungen – jedenfalls so, wie sie in den einschlägigen internationalen Dokumenten formuliert sind – für sich genommen nur wenig Aufschluss darüber, was denn die Adressaten dieser Verpflichtung genau zu tun haben. Kritische Stimmen haben daher angemerkt, dass „viele der ‚harten' menschenrechtlichen Garantien so allgemein, vage und fundamentalbestreitbar formuliert (sind), dass sie für sich genommen nicht als deduktionsfähige, justiziable Entscheidungsnormen taugen. So ist es kaum möglich, das Recht auf Leben, Freiheit und Sicherheit der Person in Art. 3 der UN-Menschenrechtscharta methodenehrlich auf konkrete Regeln zur Arbeitsplatzsicherheit zu verdichten. Ebenso wenig lassen sich aus dem Verbot der Sklaverei und der Leibeigenschaft ([nach] Art. 4 UN-Menschenrechtscharta) präzise Aussagen für die Arbeitszeit und den Arbeitslohn ableiten."[6] In einer anderen Stellungnahme zu der Problematik heißt es: „Alle diese Übereinkommen haben aber (trotz ihrer zweifelsohne wichtigen Bedeutung) gemein, dass sie nur sehr unbestimmt und daher wenig praxistauglich für konkrete Verpflichtungen ausgestaltet sind. Aus allgemeinen Erklärungen zu grundlegenden Rechten, lassen sich noch keine konkreten gesetzlichen Vorgaben ableiten."[7]

Auf den ersten Blick erscheint diese Argumentation plausibel, sie führt jedoch zu falschen Schlussfolgerungen. Denn das Problem, dass in Rechtstexten zum Teil mit sehr knapp gefassten Aussagen zu grundlegenden Fra-

---

3 Internationaler Pakt vom 19.12.1966 über wirtschaftliche, soziale und kulturelle Rechte, BGBl. 1973 II S. 1569 (1570).

4 IPwskR (Fn. 3) und Internationaler Pakt vom 19.12.1966 über bürgerliche und politische Rechte, BGBl. 1973 II S. 1533 (1534).

5 Zu der vom Gesetzgeber gewählten Verweistechnik siehe *Andreas Zimmermann / Norman Weiß*, Völker- und verfassungsrechtliche Parameter eines deutschen Lieferkettengesetzes, Archiv des Völkerrechts 58 (2020), 424 (440 ff.).

6 *Marc-Philippe Weller / Chris Thomale*, Menschenrechtsklagen gegen deutsche Unternehmen, ZGR 2017, 509 (516).

7 *Tobias Bomsdorf / Berthold Blatecki-Burgert*, Haftung deutscher Unternehmen für „Menschenrechtsverstöße", ZRP 2020, 42 (43).

gen gearbeitet wird, ist ja ein keineswegs seltenes Phänomen – im Gegenteil: die allermeisten Gesetze, nicht zuletzt auch sämtliche Verfassungen, enthalten eine Vielzahl derartiger unbestimmter Rechtsbegriffe, oftmals sogar an zentraler Stelle. Der Grundrechtekatalog in unserer Verfassung, also das inhaltliche Pendant zu den Menschenrechtsabkommen, ist hierfür ein Musterbeispiel. Vermutlich niemand würde aber an der Aussagekraft und dem Geltungsanspruch der Grundrechte zweifeln wollen. Dass es sich bei den Grundrechten – um das Zitat noch einmal aufzugreifen – durchaus um „deduktionsfähige, justiziable Entscheidungsnormen“ handelt, liegt daran, dass Gesetzgebung, Rechtsprechung und nicht zuletzt auch die Wissenschaft für einen ausreichenden Präzisierungsgrad gesorgt haben.[8]

1. *Universelles vs. regionales Menschenrechtsverständnis*

Allerdings darf nicht übersehen werden, dass es (nicht nur) in dieser Hinsicht gravierende Strukturunterschiede zwischen dem Verfassungsrecht und dem Völkerrecht gibt. Im nationalen Recht sind es Gesetze, untergesetzliche Rechtsnormen und vor allem auch Gerichtsentscheidungen, die gewährleisten, dass die notwendige Konkretisierung grundrechtlich geschützter Rechtsgüter wie z.B. Leben, Gesundheit und Eigentum in der Rechtspraxis auch tatsächlich stattfindet. Im Völkerrecht hingegen erfolgt die Umsetzung – und in der Folge dann auch die Präzisierung – der in internationalen Abkommen enthaltenen menschenrechtlichen Verpflichtungen zwar zumeist ebenfalls durch nationale Gesetze oder andere Rechtsvorschriften[9], diese können jedoch von Land zu Land und insbesondere von Kulturkreis zu Kulturkreis unterschiedlich ausfallen. Auch die nationalen Gerichte, die dann gegebenenfalls zu beurteilen haben, ob die völkerrechtlichen Vorgaben in den Vertragsstaaten korrekt umgesetzt wor-

---

8 Vgl. z.B. *Peter Badura*, Die Verfassung im Ganzen der Rechtsordnung und die Verfassungskonkretisierung durch Gesetz, in: Josef Isensee / Paul Kirchhof (Herausgeber), Handbuch des Staatsrechts, Band XII, 2014, § 265, Rn. 6; *Christian Hillgruber / Christoph Goos*, Verfassungsprozessrecht, 5. Aufl. 2020, S. 15 f.; ausführlich zur Grundrechtsinterpretation siehe *Michael Wrase*, Zwischen Norm und sozialer Wirklichkeit. Zur Methode und Dogmatik der Konkretisierung materialer Grundrechtsgehalte, 2016.

9 Besonders deutlich ist dies in solchen Rechtsordnungen, die – wie es in Deutschland der Fall ist – prinzipiell dem dualistischen Modell folgen; siehe dazu *Andreas von Arnauld*, Völkerrecht, 5. Aufl. 2022, Rn. 508, 514 ff.

den sind, kommen häufig zu unterschiedlichen Ergebnissen, wie einzelne Menschenrechtsnormen zu interpretieren und zu konkretisieren sind.

Insofern ist der in diesem Zusammenhang zuweilen erhobene Einwand, dass trotz des universalen Geltungsanspruchs der UN-Menschenrechtsverträge es je nach Kontinent und Region unterschiedliche Auffassungen hinsichtlich des konkreten Inhalts dieser Abkommen geben könne, sicherlich zutreffend. Einige der Regionen, die für die Lieferketten europäischer Unternehmen besonders relevant sind – insbesondere Süd- und Ostasien, der Nahe und Mittlere Osten, aber auch Subsahara-Afrika –, zeichnen sich durch ein spezifisches Menschenrechtsverständnis aus, das von dem europäischen in Teilen abweicht.[10] Was etwa unter einem „angemessenen Lebensunterhalt" verstanden wird, den das Recht auf faire Arbeitsbedingungen gewährleisten soll, oder welche konkreten Anforderungen erfüllt sein müssen, damit „sichere und gesunde Arbeitsbedingungen" geschaffen werden, wird unterschiedlich interpretiert. Die Vorstellungen, die in Deutschland oder Europa mit bestimmten lieferkettenrelevanten Menschenrechtstatbeständen verbunden werden, können sich also von denen anderer Regionen möglicherweise deutlich unterscheiden.

Damit ist die Frage aufgeworfen, welche Konsequenzen sich hieraus für die Auslegung und praktische Umsetzung des LkSG ergeben. Es versteht sich von selbst, dass im internationalen Wirtschaftsverkehr immer auch den sozio-kulturellen Begebenheiten im jeweiligen Partnerland Rechnung zu tragen ist und hierauf beruhende Abweichungen im Menschenrechtsverständnis berücksichtigt werden müssen. Das gilt sowohl für den Austausch auf Regierungs- und Behördenebene als auch für den Kontakt zwischen Unternehmen, soweit für ihre Rechtsbeziehungen Menschenrechtsstandards relevant sind. Jedoch erscheint es mindestens ebenso wichtig, dass eine solche interkulturelle Rücksichtnahme nicht in Beliebigkeit umschlägt – und schon gar nicht als Vorwand genutzt wird, um den Menschenrechtsanforderungen ihren rechtlichen Gehalt und ihre Verbindlichkeit abzusprechen. Es gibt regionale Menschenrechtsdokumente, die manche dieser sozio-kulturellen Besonderheiten aufgreifen, so z.B. die *Afrikanische Charta der Rechte der Menschen und Völker* (sog. Banjul-Char-

---

10 Einen Überblick über die regionalen Menschenrechtskonzeptionen bieten die Beiträge von *Anne Duncker* (Menschenrechte und Islam), *Gregor Paul* (Der Diskurs über ‚asiatische Werte') und *Dorothea E. Schulz* (Menschenrechte und afrikanische Kulturen) in *Arnd Pollmann / Georg Lohmann* (Hrsg.), Menschenrechte. Ein interdisziplinäres Handbuch, 2012, S. 343 ff., 348 ff. und 353 ff.

ta)[11] oder die *ASEAN Human Rights Declaration*[12]. Wenn man sich aber die Texte dieser Dokumente genauer anschaut, dann ist offenkundig, dass sie – neben einigen spezifisch regionalen Menschenrechtsausprägungen[13] – zu einem großen Teil das wiederspiegeln, was auch auf globaler Ebene an Menschenrechtsstandards entwickelt worden ist und in den UN-Menschenrechtsabkommen verankert wurde. Es ist also keineswegs so, dass die Welt zersplittert wäre in einzelne Rechts- und Kulturkreise, die völlig unterschiedlichen Vorstellungen von dem anhängen, was man unter Menschenrechten zu verstehen hat. Eine der zentralen Errungenschaften der Vereinten Nationen ist es gerade, dass es heute einen sehr weit reichenden, weltweiten Konsens hierzu gibt. In Bezug auf einzelne Aspekte lassen sich weiterhin Differenzen feststellen, über einen Kernbestand an Normen, die das Verhältnis zwischen den Staaten und ihren Bürgern prägen sollten, besteht jedoch – wie auch die *Abschlusserklärung der Wiener Weltkonferenz über Menschenrechte*[14] eindrucksvoll unterstrichen hat – weitgehend Einigkeit.

Daher geht auch der Vorwurf fehl, die Bundesregierung exportiere mit dem LkSG völkerrechtswidrig ein „europäisches oder gar deutsches Rechtsverständnis" in die Länder des Globalen Südens.[15] Aus postkolonialer Perspektive mag zwar die bereits seit langem bestehende Dominanz des Westens im globalen Menschenrechtsdiskurs durchaus kritisch zu betrachten sein.[16] Aber legt man primär rechtsdogmatische Maßstäbe an, dann

---

11 OAU Doc. CAB/LEG/67/3 rev. 5, 27.6.1981, 21 I.L.M. 58 (1982); siehe hierzu *Rachel Murray*, The African Charter on Human and Peoples' Rights. A Commentary, 2019.

12 Vom 18.11.2012, https://asean.org/wp-content/uploads/2021/01/6_AHRD_Booklet.pdf; siehe hierzu *Catherine Shanahan Renshaw*, The ASEAN Human Rights Declaration 2012, Human Rights Law Review 13 (2013), 557 ff.

13 Hervorzuheben ist insbesondere, dass beide Dokumente neben Rechten auch Pflichten gegenüber der Familie bzw. der Gemeinschaft sowie kollektive Rechte enthalten (Art. 22, 27 ff. African Charter on Human and Peoples' Rights, Art. 6, 35 ASEAN Human Rights Declaration); vgl. *Christine Meyer*, Menschenrechte in Afrika, 2013, S. 102 ff, 191 ff.; *Allwell Uwazuruike*, Human Rights under the African Charter, 2020, S. 60 ff., 64 ff.; *Hoang Van Nghia*, The 'Asian Values' Perspective of Human Rights: A Challenge to Universal Human Rights, 2009, https://ssrn.com/abstract=1405436.

14 Vienna Declaration and Programme of Action, UN-Doc. A/CONF.157/23, 25.6.1993; vgl. dazu *Bacre Waly Ndiaye*, Wien+20: Menschenrechte sind immer noch unteilbar, Vereinte Nationen 2013, S. 147 ff.

15 So *Bomsdorf / Blatecki-Burgert* (Fn. 7), ZRP 2020, 42 (43).

16 Zu dieser Diskussion siehe die Nachweise bei *Malcolm Langford*, Critiques of Human Rights, Annual Review of Law and Social Science 2018, 69 (72 ff.); *Franziska*

lässt sich die Behauptung eines Völkerrechtsverstoßes ganz sicher nicht halten. Das Gesetz rekurriert auf global konsentierte, universell gültige Menschenrechtsstandards. Nahezu alle Mitglieder der Staatengemeinschaft – gerade auch die des Globalen Südens – haben die beiden wichtigsten UN-Menschenrechtsverträge ratifiziert und sind damit internationale Verpflichtungen eingegangen, an die das LkSG anknüpft: Der UN-Pakt über bürgerliche und politische Rechte zählt 173 Vertragsstaaten, den Sozialpakt haben immerhin 171 Staaten ratifiziert.[17] Auch die ILO-Abkommen, auf die sich das LkSG bezieht, weisen überwiegend einen hohen Ratifikationsstand auf.[18] Gleichwohl gibt es Fälle, in denen nicht gerade unwichtige Produktionsländer an einzelne dieser Verträge nicht gebunden sind. So hat beispielsweise China weder die ILO-Übereinkommen Nr. 29 und 105 noch das Protokoll zum Übereinkommen Nr. 29 ratifiziert, aus denen sich das Verbot der Zwangsarbeit ergibt.[19] Dennoch ist auch die chinesische Regierung verpflichtet, dieses Menschenrecht einzuhalten, da es nicht nur in den beiden Abkommen der ILO, sondern darüber hinaus auch – wenngleich nicht so ausdifferenziert – im UN-Sozialpakt aufgeführt ist (Art. 6 Abs. 1 IPwskR).[20]

2. *Konkretisierung der Menschenrechtsgewährleistungen durch die UN-Gremien*

Während auf der nationalen und regionalen Ebene die Präzisierung der Grundrechte bzw. der regionalen Menschenrechtsgewährleistungen eine

Martinsen, Grenzen der Menschenrechte, 2019, S. 137 ff.; vgl. auch *Janna Mende*, Der Universalismus der Menschenrechte, 2021, S. 45 ff.

17 https://indicators.ohchr.org/.

18 https://www.ilo.org/dyn/normlex/en/f?p=1000:12001:::NO::.

19 ILO-Übereinkommen Nr. 29 vom 28.6.1930 über Zwangs- oder Pflichtarbeit, BGBl. 1956 II S. 640 (641); ILO-Übereinkommen Nr. 105 vom 25.6.1957 über die Abschaffung der Zwangsarbeit, BGBl. 1959 II S. 441 (442); Protokoll vom 11.6.2014 zum ILO-Übereinkommen Nr. 29 vom 28.6.1930 über Zwangs- oder Pflichtarbeit, BGBl. 2019 II S. 437 (438).

20 Siehe in diesem Zusammenhang auch *Committee on Economic, Social and Cultural Rights* (CESCR),General Comment No. 18, Right to Work, UN Doc. E/C.12/GC/18, para. 23, 25, 32: „States parties are under the obligation to respect the right to work by, inter alia, prohibiting forced or compulsory labour … The obligation to protect the right to work includes the responsibility of States parties to prohibit forced or compulsory labour by non-State actors. … Violations through acts of commission include forced labour."

Aufgabe ist, die maßgeblich den Gerichten zufällt[21], fehlen auf der globalen Ebene verbindliche Gerichtsentscheidungen, die Aufschluss über den konkreten Inhalt der UN- und ILO-Abkommen geben könnten. Allerdings kann man diesbezüglich immerhin auf die Spruchpraxis der UN-Vertragsausschüsse zurückgreifen, also insbesondere auf die des Menschenrechtsausschusses (*Human Rights Committee*, CCPR), der für die Überwachung des Zivilpaktes zuständig ist[22], und des Ausschusses für wirtschaftliche, soziale und kulturelle Rechte (*Committee on Economic, Social and Cultural Rights*, CESCR), welcher die Einhaltung des Sozialpaktes kontrolliert.[23] Beide Gremien können Individualbeschwerden entgegennehmen, sofern die Vertragsstaaten das jeweilige Fakultativprotokoll ratifiziert haben.[24] Außerdem sind sie für die Überprüfung der Staatenberichte zuständig, die regelmäßig erstellt werden müssen. Den sog. „Schlussbemerkungen", die die Ausschüsse zu diesen Berichten veröffentlichen, lassen sich bereits umfangreiche Informationen zur Auslegung der beiden Menschenrechtsverträge entnehmen.[25]

Das wichtigste Instrument aber, mit dem die Einzelgewährleistungen der beiden Menschenrechtspakte konkretisiert werden, sind die „Allgemeinen Bemerkungen" (*General Comments*). Der Menschenrechtsausschuss hat bisher 37 solcher Kommentare veröffentlicht, der Sozialausschuss arbeitet gegenwärtig an seinem 26. *General Comment*. Die für den Menschenrechtschutz in globalen Lieferketten und damit auch die Interpretation des LkSG am ehesten einschlägigen Dokumente sind die Sozialausschuss-Kommentare zu Zwangsräumungen[26], zum Recht auf Arbeit[27], zum Gebot

---

21 Eine Ausnahme bildet hier lediglich der asiatische Raum, in dem es bislang kein regionales Menschenrechtsabkommen und daher auch kein mit dessen Auslegung betrautes internationales Gericht gibt; zu den regionalen Menschenrechtsinstitutionen siehe *Walter Kälin / Jörg Künzli*, Universeller Menschenrechtsschutz, 4. Aufl. 2019, S. 53 ff.

22 https://www.ohchr.org/en/treaty-bodies/ccpr.

23 https://www.ohchr.org/en/treaty-bodies/cescr.

24 Siehe hierzu *Kälin / Künzli* (Fn. 21), S. 260 ff.; zu dem hiervon abweichenden Beschwerdeverfahren vor dem Menschenrechtsrat der Vereinten Nationen (Human Rights Council) s. ebdt, S. 295 f.

25 https://tbinternet.ohchr.org/_layouts/15/treatybodyexternal/TBSearch.aspx?Lang=en&TreatyID=8&DocTypeID=5; https://tbinternet.ohchr.org/_layouts/15/treatybodyexternal/TBSearch.aspx?Lang=en&TreatyID=9&DocTypeID=5; siehe hierzu *Kälin / Künzli* (Fn. 21), S. 254 ff.; *Matthias Ruffert / Christian Walter*, Institutionalisiertes Völkerrecht, 2. Aufl. 2015, Rn. 530.

26 CESCR, General Comment No. 7, The right to adequate housing: Forced evictions, UN Doc. E/1998/22, annex IV.

27 CESCR, General Comment No. 18, Right to Work, UN Doc. E/C.12/GC/18.

der Nichtdiskriminierung[28], zum Recht auf gerechte und günstige Arbeitsbedingungen[29] und zu den Staatenpflichten im Kontext wirtschaftlicher Aktivitäten.[30] Daneben gibt es jedoch noch weitere Kommentare – auch des Menschenrechtsausschusses –, die ebenfalls für die Auslegung unternehmerischer Sorgfaltspflichten von Bedeutung sein können.[31] In der ILO ist ein Sachverständigenausschuss für eine ähnliche Aufgabe zuständig. Er veröffentlicht jedes Jahr sog. *General Surveys* zu bestimmten Schwerpunktthemen, in denen über die internationale Umsetzung der ILO-Abkommen informiert wird und Erläuterungen zu ihrem Inhalt gegeben werden.[32]

Der Menschenrechtsausschuss schreibt auf seiner Webseite:

> „Interpreting the Covenant, so that there can be no doubts about the scope and meaning of its articles, has become an important function of the Human Rights Committee."[33]

Ob das Gremium diesem selbstgesetzten Anspruch immer auch gerecht wird, ist schwierig zu beurteilen. Fest steht jedenfalls, dass für diejenigen, die sich in der Praxis oder aber in der Wissenschaft mit Menschenrechtsfragen befassen, die *General Comments* eine der wichtigsten Informa-

---

28 CESCR, General Comment No. 20, Non-discrimination in economic, social and cultural rights, UN Doc. E/C.12/GC/20.

29 CESCR, General Comment No. 23, Right to just and favourable conditions of work, UN Doc. E/C.12/GC/23.

30 CESCR, General Comment No. 24, State Obligations under the International Covenant on Economic, Social and Cultural Rights in the Context of Business Activities, UN Doc. E/C.12/GC/23.

31 CCPR, General Comment No. 35, Liberty and security of person, UN Doc. CCPR/C/GC/35; CCPR, General Comment No. 36, Right to Life, UN Doc. CCPR/C/GC/36; CESCR, General Comment No. 12, The right to adequate food, UN Doc. E/C.12/1999/5; CESCR, General Comment No. 13, The right to education, UN Doc. E/C.12/1999/10; CESCR, General Comment No. 14, The right to the highest attainable standard of health, UN Doc. E/C.12/2000/4; CESCR, General Comment No. 15, The right to water, UN Doc. E/C.12/2002/11; CESCR, General Comment No. 19, The right to social security, UN Doc. E/C.12/GC/19.

32 https://www.ilo.org/global/standards/information-resources-and-publications/WCMS_164145/lang--en/index.htm; siehe hierzu *Reingard Zimmer*, Internationale Arbeitsorganisation (ILO), in: Monika Schlachter / Johannes Heuschmid / Daniel Ulber (Hrsg.), Arbeitsvölkerrecht, 2019, § 5, Rn. 25; zu den Kontroll- und Beschwerdeverfahren der ILO siehe ebdt. Rn. 19 ff.; vgl. außerdem *Bernd Waas*, Die Normüberwachung durch den ILO-Sachverständigenausschuss für die Durchführung der Übereinkommen und Empfehlungen, Archiv des Völkerrechts 57 (2019), 123 ff.

33 https://www.ohchr.org/en/treaty-bodies/ccpr/rules-procedure-and-working-methods.

tionsquellen darstellen. In ihnen wird nicht nur detailliert beschrieben, welche inhaltlichen Ausprägungen für die einzelnen Menschenrechtsgarantien kennzeichnend sind. Sie enthalten in der Regel auch Differenzierungen nach bestimmten Anspruchsgruppen und erläutern die Vorkehrungen, die jeweils speziell in Bezug auf diese Personen einzuhalten sind.[34] Wichtig für die Konkretisierung der in den Menschenrechtspakten aufgelisteten Einzelgarantien ist außerdem die Unterscheidung nach verschiedenen Verpflichtungsdimensionen.[35] Beide Ausschüsse haben in ihren *General Comments* deutlich gemacht, dass für die Vertragsstaaten sowohl Achtungs- bzw. Unterlassungspflichten als auch Schutzpflichten und Gewährleistungspflichten bestehen. Erstere stehen naturgemäß im Vordergrund, wenn bürgerliche und politische Rechte, also Abwehrrechte, gefährdet sind – der Staat ist hier aufgefordert, Eingriffe in den Schutzbereich der jeweiligen Rechtsgarantien zu unterlassen. Die letztgenannten, die Gewährleistungspflichten, sind vor allem im Bereich der wirtschaftlichen, sozialen und kulturellen Rechte von Bedeutung, denn in ihrem Anwendungsbereich geht es oftmals darum, dass der Staat bestimmte Leistungen zur Verfügung stellen muss, damit der Menschenrechtsschutz gesichert ist. Darüber hinaus ist allen Menschenrechten gemeinsam, dass sie nicht nur durch staatliche Hoheitsträger, sondern auch durch private Dritte beeinträchtigt werden können. Damit in diesen Fällen der Menschenrechtsschutz nicht leer läuft, ist das Konzept der Schutzpflichten entwickelt worden. Die *General Comments* enthalten in der Regel ausführliche Stellungnahmen zu den verschiedenen Pflichtendimensionen und führen Beispiele dafür an, welche Konsequenzen sich aus ihnen jeweils ergeben.[36]

34 Vgl. etwa am Beispiel des Rechts auf gerechte und günstige Arbeitsbedingungen (Art. 7 IPwskR) CESCR, General Comment No. 23 (Fn. 29), para. 47.

35 Vgl. hierzu *Kälin / Künzli* (Fn. 21), S. 108 ff.; speziell zu dieser Pflichtentrias im Bereich der wirtschaftlichen, sozialen und kulturellen Rechte *Magdalena Sepúlveda*, The Nature of the Obligations under the International Covenant on Economic, Social and Cultural Rights, 2003, S. 209 ff.; *Manisuli Ssenyonjo*, Economic, Social and Cultural Rights in International Law, 2. Aufl. 2016, S. 31 ff.

36 Vgl. am Beispiel der Staatenpflichten im Kontext wirtschaftlicher Aktivitäten CESCR, General Comment No. 24 (Fn. 30), para. 10 ff. – In den *UN Guiding Principles on Business and Human Rights* sind die menschenrechtlichen Schutzpflichten speziell für den Wirtschaftssektor noch einmal näher ausgeformt worden; siehe Report of the Special Representative of the Secretary-General on the issue of human rights and transnational corporations and other business enterprises, UN Doc. A/HRC/17/31, Annex, https://www.ohchr.org/sites/default/files/documents/publications/guidingprinciplesbusinesshr_en.pdf.

Ein weitere, auch für die Auslegung des LkSG wichtige Kategorie des internationalen Menschenrechtsschutzes sind die sog. Kernverpflichtungen (*minimum core obligations*), die ein fester Bestandteil der zu den wirtschaftlichen und sozialen Rechte verfassten *General Comments* sind. Nach Art. 2 Abs. 1 IPwskR haben sich die Vertragsstaaten verpflichtet, „unter Ausschöpfung aller … Möglichkeiten Maßnahmen zu treffen, um nach und nach mit allen geeigneten Mitteln … die volle Verwirklichung der in diesem Pakt anerkannten Rechte zu erreichen“. Im Bereich der sozialen Menschenrechte wird also unterschieden zwischen Staaten, die aufgrund ihrer wirtschaftlichen Stärke den Bürgern bereits jetzt den nötigen Schutz garantieren können, und solchen, die dazu (noch) nicht in der Lage sind. Für diejenigen, die dem Konzept sozialer Menschenrechte zunächst eher skeptisch gegenübergestanden haben, hat diese Bestimmung zwar einen willkommenen Anknüpfungspunkt geboten, um die rechtliche Aussagekraft des Sozialpaktes anzuzweifeln.[37] Die Kritik an der Klausel ist jedoch inzwischen weitgehend verstummt. Auch wenn Art. 2 Abs. 1 IPwskR insbesondere den Niedrigeinkommensländern recht weite Spielräume bei der Erfüllung ihrer Paktpflichten einräumt, bedeutet dies nicht, dass sich deren Regierungen gänzlich aus der Verantwortung ziehen könnten. Zum einen besteht auch für sie die ausdrückliche Pflicht, zumindest erste Schritte auf dem Weg zu einer allmählichen Realisierung der Sozialpaktrechte zu gehen. Da die Staaten alle ihnen zur Verfügung stehenden Optionen zur Umsetzung der Paktverpflichtungen auszuschöpfen haben, besteht eine hohe Rechtfertigungshürde, wenn Regierungen sich gegen eine entsprechende wirtschafts- und sozialpolitische Prioritätensetzung entschei-

37 Siehe hierzu die Nachweise bei *Sepúlveda* (Fn. 35), S. 311. Generell zu dem – inzwischen aufgrund der Präzisierungsarbeit des CESCR und zahlreicher Verfassungsgerichte weitgehend geklärten – Streit um die Justiziabilität sozialer Menschenrechte vgl. u.a. *Fons Coomans* (Hrsg.), Justiciability of Economic and Social Rights. Experiences from Domestic Systems, 2006; *Roberto Gargarella / Theunis Roux / Pilar Domingo* (Hrsg.), Courts and Social Transformation in New Democracies. An Institutional Voice for the Poor?, 2006; *Malcolm Langford* (Hrsg.), Social Rights Jurisprudence. Emerging Trends in International and Comparative Law, 2009; *Mirja Trilsch*, Die Justiziabilität wirtschaftlicher, sozialer und kultureller Rechte im innerstaatlichen Recht, 2012; *Michael Krennerich*, Soziale Menschenrechte. Zwischen Recht und Politik, 2013, S. 357 ff.; *Daniel Bonilla Maldonado* (Hrsg.), Constitutionalism in the Global South, 2013; *Ssenyonjo* (Fn. 35), S. 19 ff. – Unzutreffend ist daher die Einschätzung von *Paul Tiedemann* (Eine rechtsethische Bewertung des Entwurfs eines deutschen Lieferkettengesetzes, RPhZ 2020, 275 [288]), wonach der Sozialpakt „trotz seiner Rechte-Rhetorik keine subjektiven Rechte“ enthalte.

den.[38] Der zweite Grund, warum das in Art. 2 Abs. 1 IPwskR verankerte *principle of progressive realisation*[39] nicht als Entschuldigung für mangelnde Anstrengungen bei der Implementierung der sozialen Menschenrechte herhalten darf, ergibt sich aus den Kernverpflichtungen, die in den *General Comments* zu jeder der im Sozialpakt gewährleisteten Rechtsgarantien detailliert aufgelistet werden. Diese Pflichten müssen von allen Staaten – auch von denjenigen, die über nur geringe finanzielle Ressourcen verfügen – in jedem Fall eingehalten werden.[40] Auch wenn es sich dabei nur um Mindestgarantien handelt, so sind sie doch für die Interpretation der einzelnen Rechte von großer Bedeutung.

Insgesamt ergibt sich damit ein Bild, das einen mittlerweile recht hohen Grad an Konkretisierung und Ausdifferenzierung der Paktrechte zeigt. Den Einwand, den Menschenrechtsgarantien mangele es an hinreichender Bestimmtheit, wird man daher nicht ernsthaft aufrechterhalten können. Die *General Comments* der Ausschüsse enthalten zwar keine rechtlich bindende Feststellungen; sie sind jedoch fast alle von den Staaten widerspruchslos akzeptiert worden, insofern wird ihnen auch ein hohes Maß an Autorität zugesprochen.[41] Sie setzen Standards, an denen sich die Vertragsparteien orientieren können und – so wird es jedenfalls im Völkerrecht gesehen – auch orientieren müssen.[42] Damit werden sie auch für die Interpretation der menschenrechtlichen Sorgfaltspflichten des LkSG ein zentraler Maßstab sein.

---

38 Vgl. hierzu auch CESCR, General Comment No. 3, The nature of States parties' obligations (art. 2, para. 1, of the Covenant), UN Doc. E/1991/23, para. 9.

39 *Sepúlveda* (Fn. 35), S. 312.

40 CESCR, General Comment No. 3 (Fn. 38), para. 10; vgl. auch *Ssenyonjo* (Fn. 35), S. 105 ff.); *Kälin / Künzli* (Fn. 21), S. 134.

41 *Eckart Klein*, 'Allgemeine Bemerkungen' der UN-Menschenrechtsausschüsse, in: Detlef Merten / Hans-Jürgen Papier (Hrsg.), Handbuch der Grundrechte, Bd. VI/2, 2009, § 177, Rn. 27; vgl. auch *Eibe Riedel*, Allgemeine Bemerkungen zu Bestimmungen des Internationalen Paktes über Wirtschaftliche, Soziale und Kulturelle Rechte der Vereinten Nationen, in: Deutsches Institut für Menschenrechte (Hrsg.), Die „General Comments" zu den VN-Menschenrechtsverträgen, 2005, S. 160 (164 f.); *Marco Odello / Francesco Seatzu*, The UN Committee on Economic, Social and Cultural Rights, 2013, S. 195 ff.; *Mátyás Bódig*, Soft Law, Doctrinal Development, and the General Comments of the UN Committee on Economic, Social and Cultural Rights, in: Stéphanie Lagoutte / Thomas Gammeltoft-Hansen / John Cerone (Hrsg.), Tracing the roles of soft law in human rights, 2016, S. 69 ff.

42 *Klein* (Fn. 41), Rn. 39.

II. Unternehmen als Adressaten menschenrechtlicher Sorgfaltspflichten

Das entscheidende Problem für die Auslegung des Gesetzes liegt demnach nicht darin, den Inhalt der in Bezug genommenen internationalen Abkommen zu erfassen. Mit größeren Schwierigkeiten wird wohl eher die genauere Bestimmung des Rechtsbegriffs der „angemessenen“ Sorgfalt verbunden sein (§ 3 Abs. 1 und 2 LkSG).[43] Die Frage, welche Pflichten der Gesetzgeber unter Rückgriff auf diesen Terminus den Unternehmen konkret auferlegt hat (und welche er ihnen überhaupt auferlegen durfte), knüpft an den zweiten Kritikpunkt an, der eingangs genannt wurde. Der Vorwurf, die Bundesregierung wälze mit dem Gesetz ihre Verantwortung auf die Unternehmen ab[44], basiert auf dem durchaus zutreffenden Befund, dass die Abkommen, aus denen sich die „geschützten Rechtspositionen“ im Sinne des § 2 Abs. 1 LkSG ergeben, keine unmittelbaren Verpflichtungen für Unternehmen enthalten, sondern lediglich für Staaten verbindlich sind – und auch nur für diejenigen, die diese Verträge ratifiziert haben. Allerdings sind die Umsetzungspflichten nicht auf den Hoheitsbereich der Vertragsstaaten beschränkt. Mittlerweile ist anerkannt, dass die in den beiden UN-Pakten von 1966 enthaltenen Rechtsgarantien auch jenseits der Staatsgrenzen einzuhalten sind. Bei den bürgerlichen und politischen Rechten werden solche extraterritorialen Wirkungen mit dem Erfordernis der „Ausübung von Hoheitsgewalt“ verknüpft.[45] Im Fall der wirtschaftlichen und sozialen Rechte gibt es hingegen keine derartige Einschränkung; umstritten ist hier lediglich, ob die Staaten über extraterritoriale Achtungs-

---

43 Zur verfassungsrechtlichen Bewertung dieses Rechtsbegriffs siehe *Robert Grabosch*, in: ders. (Hrsg.), Das neue Lieferkettensorgfaltspflichtengesetz, 2022, § 2 Rn. 121; *Thalhammer* (Fn. 2), 834.

44 Siehe z.B. *Reinhold von Eben-Worlée*, Präsident des Verbandes Die Familienunternehmer: “Weil die Regierungen selbst mit der Durchsetzung der Menschenrechte im Ausland immer wieder gescheitert sind, wälzen sie diese unbestimmten Aufgaben ohne Rücksicht auf Verluste auf die hiesige Wirtschaft ab.“, https://www.familienunternehmer.eu/vor-ort/lb-hamburg/presse/pressemitteilungen/detail/article/familienunternehmer-zum-lieferkettengesetz-wenig-konstruktiv-viel-buerokratie.html; ähnlich auch *Frank Specht*, Handelsblatt v. 14.2.2021, https://www.handelsblatt.com/meinung/kommentare/kommentar-das-lieferkettengesetz-wird-die-erwartungen-nicht-erfuellen/26913630.html; sowie *Harald Oberhofer*, Lieferkettengesetz – Gut gemeint, schlecht gemacht, Wirtschaftsdienst 2021/3, 152; *Christian Gehling / Nicolas Ott / Cäcilie Lüneborg*, Das neue Lieferkettensorgfaltspflichtengesetz – Umsetzung in der Unternehmenspraxis, CCZ 2021, 230 (232); *Patricia Sarah Stöbener de Mora / Paul Noll*, Grenzenlose Sorgfalt? – Das Lieferkettensorgfaltspflichtengesetz, NZG 2021, 1237 (1240).

45 *Kälin / Künzli* (Fn. 21), S. 147, 150 ff.

pflichten hinaus auch die entsprechenden Schutz- und Erfüllungspflichten zu beachten haben.[46]

Wenn die Bundesregierung daher Maßnahmen ergreift, um den Menschenrechtsschutz in globalen Lieferketten zu verbessern, dann kommt sie damit ihrer völkerrechtlichen Verpflichtung nach, sich für die Umsetzung der Rechtsgarantien des IPwskR auch außerhalb ihres Territoriums einzusetzen. Dass sie in diesem Zusammenhang auch die heimischen Unternehmen in die Pflicht nimmt und ihnen gesetzlich auferlegt, sich um Menschenrechtsverstöße in ihren ausländischen Zuliefererbetrieben zu kümmern, ergibt sich als Konsequenz aus der Schutzpflichtendimension der Menschenrechte. Unternehmen sind zwar an die Menschenrechtsabkommen nicht unmittelbar gebunden.[47] Bislang gibt es lediglich völkerrechtliche *soft law*-Bestimmungen wie etwa die *OECD-Guidelines for Multinational Enterprises*[48] und die *UN Guiding Principles on Business and Human*

---

46 Für einen weiten Auslegungsansatz siehe die von Menschenrechtsexpert*innen – unter Bezugnahme auf die General Comments des CESCR – entwickelten *Maastricht Principles on Extraterritorial Obligations of States in the Area of Economic, Social and Cultural Rights*; sowie hierzu *Olivier De Schutter* u.a., Commentary to the Maastricht principles on extraterritorial obligations of states in the area of economic, social and cultural rights, Human Rights Quarterly, Vol. 34 (2012), 1084 ff.; *Margot Salomon*, The Maastricht Principles on Extraterritorial Obligations in the Area of Economic, Social and Cultural Rights: An Overview of Positive 'Obligations to Fulfil, EJIL: Talk! Blog of the European Journal of International Law v. 16.11.2012, https://www.ejiltalk.org/the-maastricht-principles-on-extraterritorial-obligations-of-states-in-the-area-of-economic-social-and-cultural-rights-and-its-commentary-an-overview-of-positive-obligations-to-fulfil/; eine zurückhaltendere Position findet sich hingegen bei *Kälin / Künzli* (Fn. 21), S. 152; zur Diskussion um extraterritoriale Pflichten im Anwendungsbereich des IPwskR vgl. auch *Andreas Papp*, Extraterritoriale Schutzpflichten, 2013, S. 115 ff., *Ssenyonjo* (Fn. 35), S. 62 ff.; *Wouter Vandenhole*, Towards a division of labour for sustainable development: extraterritorial human rights obligations, in: Markus Kaltenborn / Markus Krajewski / Heike Kuhn (Hrsg.), Sustainable Development Goals and Human Rights, 2020, S. 221 ff.; ferner die Beiträge in *Malcolm Langford / Wouter Vandenhole / Martin Scheinin / Willem van Genugten* (Hrsg.), Global Justice, State Duties: The Extraterritorial Scope of Economic, Social, and Cultural Rights in International Law, 2013.

47 Zum Stand der Diskussion, ob die Menschenrechtsverträge Drittwirkung entfalten, also auch für Privatrechtssubjekte Verpflichtungen enthalten, siehe die Nachweise bei *von Arnauld* (Fn. 9), Rn. 637 ff.; *Ssenyonjo* (Fn. 35), S. 206 ff.; ausführlich *Ibrahim Kanalan*, Die universelle Durchsetzung des Rechts auf Nahrung gegen transnationale Unternehmen, 2015, S. 227 ff., 252 ff.

48 Die Organisation for Economic Co-operation and Development (OECD) hat diese Richtlinien 1976 erlassen; die letzte Überarbeitung stammt aus dem Jahr 2011, https://www.oecd.org/daf/inv/mne/48004323.pdf.

Rights[49], die auf die Menschenrechte Bezug nehmen und sich (zumindest in Teilen) unmittelbar an Unternehmen richten.[50] Jedoch haben sich die Staaten völkerrechtlich verpflichtet, dafür Sorge zu tragen, dass Menschenrechte nicht durch private Rechtssubjekte gefährdet werden, und zwar weder auf dem eigenen Staatsgebiet noch im Ausland. Diese extraterritoriale Komponente der aus dem IPwskR abgeleiteten Schutzpflichten hat der UN-Sozialausschuss in seinem *General Comment on State Obligations under the International Covenant on Economic, Social and Cultural Rights in the Context of Business Activities* klar umschrieben:

> "Extraterritorial obligations arise when a State Party may influence situations located outside its territory, consistent with the limits imposed by international law, by controlling the activities of corporations domiciled in its territory and/or jurisdiction, and thus may contribute to the effective enjoyment of economic, social and cultural rights outside its national territory. … The extraterritorial obligation to protect requires States Parties to take steps to prevent and redress infringements of Covenant rights that occur outside their territories due to the activities of business entities over which they can exercise control, especially in cases where the remedies available to victims before the domestic courts of the State where the harm occurs are unavailable or ineffective."[51]

Mit dem LkSG ist also keineswegs eine völkerrechtliche Pflicht der *Unternehmen* in nationales Recht übernommen worden, vielmehr hat der Gesetzgeber lediglich eine völkerrechtliche Verpflichtung der *Staaten* umgesetzt, und zwar die ihm obliegende menschenrechtliche Schutzpflicht. Dass manche in der Literatur Skepsis geäußert haben, ob diese Schutzpflichten auch extraterritorial gelten[52], ist nun – jedenfalls bezogen auf die deutsche Rechtslage – nicht mehr von Relevanz. Denn man streitet sich ja lediglich darüber, ob eine solche auslandsbezogene Verpflichtung tatsächlich besteht, ob also die Staaten insoweit aktiv werden *müssen*, nicht aber, ob sie aktiv werden *dürfen*.

---

49 Siehe oben Fn. 36.

50 Zu den Bemühungen, im Rahmen der Vereinten Nationen einen völkerrechtlich verbindlichen Vertrag über Unternehmenspflichten zu entwickeln, siehe https://www.ohchr.org/en/hr-bodies/hrc/wg-trans-corp/igwg-on-tnc; https://www.business-humanrights.org/en/big-issues/binding-treaty/.

51 CESCR, General Comment 24 (Fn. 30), para. 28, 30.

52 Siehe oben Fn. 46.

Es stellt sich daher nicht die Frage, ob Deutschland auch außerhalb seiner Grenzen zum Schutz der Menschenrechte vor Beeinträchtigungen durch Unternehmen aktiv werden darf – das ist unter Beachtung der Souveränitätsrechte anderer Staaten selbstverständlich möglich.[53] Probleme wirft jedoch die konkrete Reichweite dieser Schutzpflichtenumsetzung auf. Denn ob Menschenrechte an einem Produktionsstandort im Globalen Süden eingehalten werden, hängt von einer Fülle an Faktoren ab, auf die unterschiedliche Akteure Einfluss nehmen oder jedenfalls Einfluss nehmen könnten. Die Folge ist, dass auch die menschenrechtliche Verantwortung auf mehrere Pflichtenträger aufgeteilt ist: In erster Linie trifft sie die Regierung am Standort selbst. Entsprechend den von ihr zu beachtenden Unterlassungs- und Gewährleistungspflichten hat sie dafür zu sorgen, dass die Behörden keine Menschenrechtsverletzungen begehen (bzw. sich daran beteiligen) und dass alle zur Wahrung der Menschenrechtsstandards notwendigen staatlichen Leistungen zur Verfügung gestellt werden. Darüber hinaus muss sie ihren Schutzpflichten nachkommen, also z.B. über arbeitsrechtliche Regulierungsmaßnahmen die heimischen Unternehmen dazu anhalten, bestimmte Mindeststandards in Bezug auf Lohnzahlungen, Arbeitssicherheit, Mitbestimmung, Nichtdiskriminierung usw. in den Betrieben umzusetzen.

Ebenso hat aber auch die Regierung im Heimatland der Abnehmerunternehmen Schutzpflichten wahrzunehmen. Dieser extraterritorial wirkenden Pflicht ist die Bundesregierung nachgekommen, indem sie über das LkSG den heimischen Unternehmen bestimmte menschenrechtliche Sorgfaltspflichten in ihren globalen Lieferketten aufgebürdet hat. Jedoch ist die Schutzpflicht nicht die einzige Pflichtendimension, die über die Landesgrenzen hinausreicht. Komplementär dazu bestehen auch extraterritoriale Erfüllungspflichten. Da es vielen Staaten des Globalen Südens an ausreichenden finanziellen und technisch-administrativen Ressourcen zur Umsetzung der wirtschaftlichen und sozialen Menschenrechte mangelt, muss die Bundesregierung – ebenso wie auch die Regierungen anderer Hocheinkommensländer – mit Mitteln der Entwicklungszusammenarbeit (z.B. über Programme der Privatwirtschaftsförderung) und mit außenwirtschaftspolitischen Instrumenten Unterstützung leisten. Auch dies ge-

53 Vgl. auch *Markus Krajewski*, Regulierung transnationaler Wirtschaftsbeziehungen zum Schutz der Menschenrechte: Staatliche Schutzpflichten jenseits der Grenze?, in: ders. (Hrsg.), Staatliche Schutzpflichten und unternehmerische Verantwortung für Menschenrechte in globalen Lieferketten, 2018, S. 97 (113 f.).

schieht bereits seit langem[54] – die Frage ist nur, ob auch in ausreichendem Umfang.

Eine Antwort hierauf lässt sich auf der Grundlage allein rechtlicher Kriterien kaum geben. Die in der Menschenrechtsdogmatik angelegte Pflichtenträgervielfalt – als Resultat der Unterscheidung von nationalen und extraterritorialen Achtungs-, Erfüllungs- und Schutzpflichten sowie der zusätzlichen Einbeziehung privater Akteure über das Sorgfaltspflichtenkonzept – müsste an sich übersetzt werden in ein für die Praxis klar handhabbares System der Verantwortungsaufteilung.[55] Aber da bislang eine solche Aufteilung weder politisch noch rechtlich vorgegeben ist, sind die einzelnen Politikfelder, auf die sich die Menschenrechte beziehen, fast durchweg durch unklare Aufgabenzuordnungen gekennzeichnet. Man spricht in diesem Zusammenhang auch von „Verantwortungsdiffusion".[56] So lässt sich z.B. die Kinderarbeit, eines der zentralen Menschenrechtsdefizite in globalen Lieferketten, nicht zuletzt deshalb so schwer bekämpfen, weil die unterschiedlichen Pflichtenträger – Unternehmen und Regierungen sowohl an den Produktionsstandorten als auch in den Abnehmerländern – sich jeweils (durchaus zu Recht) nur zu einem Teil in der Verantwortung hierfür sehen und es an einer halbwegs präzisen Abgrenzung der Verantwortungssphären und Identifizierung entsprechender Lücken mangelt. Trotz Einigkeit in der Zielsetzung und trotz grundsätzlicher Verfügbarkeit

54 Einen Überblick vermittelt die Webseite des Bundesministeriums für wirtschaftliche Zusammenarbeit und Entwicklung (BMZ), https://www.bmz.de/de/entwicklungspolitik/privatwirtschaft; vgl. außerdem *Bundesministerium für wirtschaftliche Zusammenarbeit und Entwicklung (BMZ) / Deutsche Gesellschaft für Internationale Zusammenarbeit (GIZ)*, Produktive Vollbeschäftigung und menschenwürdige Arbeit für alle. Handbuch Beschäftigungsförderung in der Entwicklungszusammenarbeit, 2015, https://www.giz.de/fachexpertise/downloads/giz2020-DE-handbuch-produktive-vollbeschaeftigung.pdf.

55 Vgl. zu dieser Problematik am Beispiel der nationalen und extraterritorialen Staatenpflichten *Ashfaq Khalfan*, Division of Responsibility amongst States, in: Langford u.a. (Fn. 46), S. 299 ff.

56 Siehe hierzu die Beispiele aus anderen politischen Kontexten u.a. bei *Valentin Rauer*, Diffusion von Verantwortung und Haftung in komplexen Handlungszusammenhängen, in: Christopher Daase / Stefan Engert / Georgios Kolliarakis (Hrsg.), Politik und Unsicherheit: Strategien in einer sich wandelnden Sicherheitskultur, 2014, S. 106 ff.; *Ulrich Petersohn*, Selektiver Schutz universaler Menschenrechte, 2009, S. 309; vgl. ferner aus der Perspektive der Sozialpsychologie *Hans-Werner Bierhoff / Elke Rohmann*, Diffusion von Verantwortung, in: Ludger Heidbrink / Claus Langbehn / Janina Loh (Hrsg.), Handbuch Verantwortung, 2017, S. 911 ff.; *Claudia Symmank / Stefan Hoffmann*, Leugnung und Ablehnung von Verantwortung, ebdt, S. 949 (956 f.).

der notwendigen Instrumente gelingt es daher nicht, das Problem zufriedenstellend zu lösen. Bei anderen Themenfeldern im Anwendungsbereich der wirtschaftlichen und sozialen Menschenrechte verhält es sich ähnlich, allerdings kommt teilweise noch erschwerend hinzu, dass man sich schon nicht einig ist über die Relevanz des Problems bzw. über die Wege, die – wie z.B. im Fall des Rechts auf angemessene Entlohnung – zu seiner Lösung zu beschreiten sind.

Auch das LkSG hält keine befriedigende Antwort auf diese Herausforderungen bereit. Angesichts der Komplexität der Menschenrechtsprobleme in der globalen Wirtschaft wäre es wohl auch vermessen, eine solche Erwartung an einen nationalen und zudem lediglich die Unternehmen adressierenden Regelungsansatz zu knüpfen. Dennoch könnte das Gesetz zu einem wichtigen Element auf dem Weg zu einer klareren Verantwortungsaufteilung zwischen den beteiligten Akteuren werden. Wer dem Gesetzgeber unterstellt, er wälze mit dem LkSG die Verantwortung, die er eigentlich selbst wahrnehmen müsste, auf die Unternehmen ab, verkennt, dass das Gesetz nur Teil eines größeren Gesamtprozesses sein kann. Denn dass auch die Bundesregierung Verantwortung trägt und dass sie – über die Wahrnehmung von Schutzpflichten hinaus – auch eigene (Erfüllungs-)Beiträge zur Verbesserung der Menschenrechtssituation in den Produktionsländern leisten muss, steht außer Frage. Daher wäre es nun an der Zeit, die durch das LkSG noch einmal deutlicher gewordene menschenrechtliche Pflichtenträgervielfalt zum Anlass für eine Bestandsaufnahme der unterschiedlichen Verantwortungsbereiche von Wirtschaft und staatlicher Entwicklungszusammenarbeit in diesem wichtigen Aufgabenfeld zu nehmen. Die Politik sollte in enger Kooperation mit den Unternehmen bzw. ihren Verbänden versuchen, die jeweiligen menschenrechtlich relevanten Einflusssphären und Einflussmöglichkeiten zu identifizieren, um darauf aufbauend konkret auf einzelne Themenfelder und Regionen bezogene Problemlösungsstrategien zu entwickeln. Dazu bräuchte man länder- und branchenspezifische Dialogformate, also Prozesse, die sich vermutlich sehr aufwendig gestalten werden – insbesondere dann, wenn auch die Verantwortlichen vor Ort einbezogen werden sollen. Wenn man es jedoch ernst meint mit dem Schutz der Menschenrechte in den globalen Lieferketten, dann dürfte dieser Aufwand ganz sicher gerechtfertigt sein.

Einblick in das Lieferketten-Gesetz aus Sicht des Supply Chain Managements

Prof. Dr. David Wuttke[*]

Dieser Beitrag wird Einblicke vor allem in das Lieferketten Management (englisch: Supply Chain Management) geben. Eine juristische Perspektive wird im Rahmen vom Wiesbadener Compliance Tag an anderer Stelle diskutiert.

1. Gegenstand vom Supply Chain Management

Wenn wir an Lieferketten denken, denken wir oft an Logistik, an den Transport von Gütern von A nach B, zur richtigen Zeit, an den richtigen Ort — es war zu allen Zeiten wichtig, heute ist es nahezu noch wichtiger (Cohen & Kouvelis, 2021; Mentzer et al., 2001). Gleichzeitig interessieren uns Lagerbestände: Wie viele Produkte sollte ich bei jeder Lieferung bestellen? Wie viele Produkte sollte ich idealerweise auf Lager haben? Denn oft ist die Nachfrage ungewiss, Unternehmen benötigen Güter aufgrund von langen Lieferzeiten aber schon im Voraus, so dass sie die Nachfrage erfüllen können, möglichst ohne zu viele Restbestände nach einer Verkaufssaison zu haben. Einerseits ist es also gut, viele Produkte vor Ort zu haben, so kann man besser die Nachfrage erfüllen. Andererseits ist eine Kapitalbindung damit verbunden, dass sie sich auf die Bilanz negativ niederschlägt, und sie birgt das Risiko, nicht alle Produkte zu verkaufen. Im Supply Chain Management befassen wir uns regelmäßig mit der Fragestellung: Wie große Lagerbestände sollte ein Unternehmen idealerweise haben? Das entspricht einer eher technischen, optimierenden Perspektive.

In meiner Forschung beschäftige ich mich vor allem mit dem Bereich Management. Diese Sicht ist mir sehr wichtig, und sie wird auch in diesem Beitrag deutlich werden. Es geht um eine Management Aufgabe, die nicht nur technische, algorithmische Aspekte beinhaltet, sondern vor allem das Zusammenbringen, das Miteinander von unterschiedlichen Stakeholdern,

---

* Der Autor ist Assistant Professor für Supply Chain Management an der TUM School of Management am Campus Heilbronn.

die unterschiedliche Anreize und Zielsetzungen haben (Wuttke et al., 2018). Es geht darum, wie Unternehmen zusammenarbeiten können, um den Gesamtwert gemeinsam zu erhöhen und anschließend unter den Akteuren gut zu teilen.

In meinem Beitrag werde ich zunächst auf die aktuellen Herausforderungen im Supply Chain Management eingehen, dies jedoch nicht nur bei einer Beschreibung belassen, sondern anschließend auf globale Dynamiken eingehen, die zum Teil erklären, was gerade global stattfindet. Dann werde ich die Management-Perspektive vertiefen und erläutern, welche Möglichkeiten Unternehmen haben, um mit den aktuellen Herausforderungen umzugehen. Hierbei geht es weniger um bessere Algorithmen, sondern viel mehr um strategische Herangehensweisen. Ich werde dann kurz auf das Lieferketten-Gesetz eingehen und darüber sprechen, welchen Stellenwert Nachhaltigkeit bereits jetzt für Unternehmen hat. Ich werde in diesem Zusammenhang einige organisatorische und Management bezogene Herausforderungen diskutieren und meinen Beitrag damit schließen, dass ich Technologie als mögliche Lösung nenne.

2. *Aktuelle Herausforderungen*

Aktuell herrschen Engpässe weltweit, und zwar von einem Ausmaß, das wir nahezu für unmöglich gehalten haben. Wir alle erinnern uns: Es begann mit dem Halbleitermangel. Damit verbunden war kurze Zeit später der Stillstand der Produktion einiger Automobilhersteller. Situationen, die nahezu undenkbar waren, treffen ein. Nicht nur temporäre Kurzarbeit, sondern Werksschließungen über mehrere Wochen sind plötzlich Realität.

Das gilt nicht nur für die Halbleiterindustrie; auch andere Rohstoffe sind betroffen, zum Beispiel Holz. Auf Baustellen ist es momentan oft so, dass wir einen Produktionsstopp, bzw. einen Baustopp erleben, einfach weil der Rohstoff Holz aktuell nicht geliefert werden kann. Der Rohstoffmangel schlägt sich meist auch direkt auf die Preise nieder. Beim Holz zum Beispiel ist es so, dass der Holzpreis innerhalb eines Jahres, beziehungsweise weniger Monate, um 150 Prozent gestiegen ist; das heißt, er hat sich mehr als verdoppelt. Kürzlich gab es etwas Entspannung und der Preis ist wieder zurückgegangen, aber die temporäre Verdopplung verbunden mit der enormen Zahlungsbereitschaft der Abnehmer zeigt, wie knapp das Gut Holz ist – und gleichzeitig, wie wichtig es ist. Weltweit wird es so stark nachgefragt, dass die geringen Mengen, die noch zur Verfügung stehen, direkt für einen mehr als doppelt so hohen Preis abgesetzt werden können.

Auch Altpapier ist knapp geworden, obgleich dies für viele weniger präsent ist. Und auch hier gab es rasante Anstiege beim Altpapierpreis von bis zu 70 % seit Jahresbeginn. Weitere Rohstoffe sind betroffen, etwa Aluminium, Silikate, Kunststoff. All das verschärft die Situation noch zusätzlich besonders für Unternehmen, die auf mehrere, verschiedene – nun verknappte – Rohstoffe für die Produktion und ihre Dienstleistungen angewiesen sind.

Nun steuern Unternehmen auf das Weihnachtsgeschäft 2021 zu, und Konsumenten werden zunehmend betroffen sein. Wir erleben es selbst, wenn wir etwas bestellen — ob vor Ort oder im Internet: Es ist so, dass zunehmend Produkte nicht geliefert werden können. Häufig geht es nicht darum, ob morgen oder übermorgen geliefert wird, sondern man bekommt als Konsument nicht einmal einen verbindlichen Termin. Das Weihnachtsgeschäft ist dadurch für viele in Gefahr, und die massiven Auswirkungen werden erst in nächster Zeit sichtbar werden. Wer elektronische Spielzeuge oder elektronische Geräte zu Weihnachten verschenken möchte, der sollte diese besser zeitnah ordern, denn es kann sehr gut sein, dass wir eine große Welle an nicht verfügbaren Produkten erleben werden. Ein Dominoeffekt der Substitution ist zu erwarten: Sind die gewünschten Produkte ausverkauft, steigt die Nachfrage nach Ersatz, nach Produkten in der zweiten Reihe, deren Produzenten bald ebenfalls in Lieferengpässe geraten dürften.

3. Globale Dynamiken

Hinter diesen Beobachtungen stecken globale Dynamiken. Im Folgenden werde ich vier Dynamiken erläutern, die die Komplexität und die globale Verflochtenheit veranschaulichen. Während es zunächst scheint, als wären die Rohstoffe gleichermaßen betroffen, so ist ein besseres Verständnis der idiosynkratischen Auslöser für die Behebung der Lieferprobleme äußerst relevant.

3.1. Tourenplanung von Containerschiffen

Beginnen wir mit der Tourenplanung von Containerschiffen. Diese wird sehr stark durch Algorithmen und Software vorgenommen, was zu nahezu optimalen Routen und Lösungen geführt hat. Aus Effizienzgründen und im Vertrauen darauf, dass Abläufe reibungslos stattfinden, wurde wenig

Spielraum für Abweichungen eingeplant. Das führt nun aber dazu, dass jede Unterbrechung einer Tour zu gravierenden Problemen führt, denn ein Schiff wird nie lange im Hafen liegen. Es hat stets nur einen kurzen Aufenthalt; aus Effizienzgründen wird so geplant, dass entladen und umgehend neu beladen wird und die Fahrt fortgesetzt wird, ohne lange zu verweilen. Kommt es also in der Tourenplanung dazu, dass ein Schiff eine erhöhte Verweildauer hat, so betrifft dies nicht nur die eine Tour, sondern auch alle nachfolgenden Touren, bis das Problem „gelöst" ist. Eine Verzögerung von nur wenigen Stunden kann ausgeglichen werden. Ist die Verweildauer jedoch länger, beispielsweise mehrere Tage, dann kann das massive Auswirkungen auf eine sehr hohe Anzahl von Touren haben. Mitunter kann eine gesamte Schiffsladung sogar auf Dauer fehlen.

Für Verzögerungen gibt es verschiedene Ursachen. Beispielsweise gibt es einige Hafenterminals in China, die regelmäßig geschlossen werden, wenn dort auch nur ein einziger Covid-Fall auftritt. China hat eine sehr rigorose Politik in Bezug auf die Bekämpfung von Corona. Wird wegen Corona ein Hafenterminal geschlossen, kommt es zu Wartezeiten. Produkte können nicht verladen werden, die Schiffe warten.

Weitere Beispiele: Der Containerhafen von Los Angeles, CA, wo es momentan einen Stau von Containerschiffen gibt, die nicht schnell genug abgefertigt werden können. Oder Großbritannien: Dort herrscht landesweit aufgrund des Brexits ein Fachkräftemangel bei Lkw-Fahrern. Fehlende Lkw-Fahrer bedeuten, dass die Waren nicht schnell genug aus einem Containerhafen abgeholt werden können, dort verweilen und andere Schiffe nicht abgeladen werden können; einige Schiffe fahren diese Häfen bereits gar nicht mehr an.

So kommt es also aus verschiedenen Gründen dazu, dass momentan der weltweite Fluss und die Planung von Touren der Containerschiffe gestört sind, was massive Auswirkungen hat.

3.2. Preisentstehung in globalen Märkten

Eine zweite globale Dynamik sind die freien Märkte. Die freien Märkte sind etwas Gutes, sie helfen uns, dass wir das Angebot und die Nachfrage über den Preis regulieren. Und gleichzeitig entfaltet sich dort gerade massiv eine negative Dynamik. Hier ein Beispiel aus dem Bereich Holz: Präsident Donald Trump hat einst Strafzölle auf kanadisches Holz gelegt, um den freien Handel und Kanadas Wirtschaft etwas zu schwächen und die heimische Wirtschaft zu stärken. Dann kam es zu Waldbränden in den Vereinigten Staaten, die das Angebot dort verknappt haben. Und kurze

Zeit später kam eine große Käferplage in Kanada hinzu, die ebenfalls das weltweite Angebot an Holz verknappt hat. Parallel gab es zunehmend Konjunkturprogramme, vor allem in der Bauindustrie. Die Bauindustrie braucht viel Holz, und damit ist weltweit die Nachfrage nach Holz rasant angestiegen. In den Vereinigten Staaten hat es derartige Konjunkturprogramme gegeben, aber auch in China. Wenn die Nachfrage in den Ländern ansteigt und andere Länder dahin exportieren können, tun sie es, weil sie wissen, dass sie einen höheren Marktpreis verlangen können. Das führt dazu, dass der Export in die Vereinigten Staaten und nach China zugenommen hat, und zwar zu deutlich höheren Preisen, was zu einem akuten Holzmangel in Deutschland geführt hat und zu massiv gestiegenen Preisen auch.

3.3. *Bullwhip-Effekt*

Ein weiteres Beispiel für eine globale Dynamik ist ein Effekt, der in der Literatur als Bullwhip-Effekt bezeichnet wird (Lee et al., 1997). Der Bullwhip-Effekt ist rein deskriptiv und besagt, dass, wenn wir uns in der Lieferkette vom Endkonsumenten in Richtung Rohmaterial – Lieferanten bewegen, sich die Volatilität der Nachfrage verstärkt. Beispielsweise, wenn Kunden mehr Produkte von den Einzelhändlern nachfragen als normal, also die Nachfrage steigt, folgt daraus oft, dass dieser Einzelhändler vom Großhändler nochmal mehr bestellt, wodurch sich die Schwankungen vergrößern und womit ein größeres Wachstum suggeriert wird. Der Großhändler wiederum spiegelt das weiter. Je weiter ein Unternehmen in der Lieferkette von der eigentlichen Quelle der Nachfrageunsicherheit, also dem Kunden, entfernt ist, desto größer ist die Volatilität.

Wenn wir jetzt die Situation während Corona betrachten, dann kann man mit dem Bullwhip-Effekt den Halbleitermarkt recht gut erklären. In der ersten Welle von Corona (April und Mai 2020) war die Nachfrageprognose von vielen Unternehmen rückläufig; in Deutschland erwartete man, Konsumenten würden sich weniger Autos leisten können, die Nachfrage würde sinken. Ferner kam die Produktion mitunter zum Stillstand, teilweise eben auch wegen Corona-Maßnahmen, aber auch, weil weniger produziert wurde, da man weniger Nachfrage erwartet hatte. Daraufhin haben die Halbleiterproduzenten eine Reduktion der Nachfrage ihrer Kunden wahrgenommen und als eine Maßnahme die Produktion eher gesenkt als vergrößert. Dies wiederum hat deren Lieferanten betroffen.

Halbleiter haben aber einen recht langen Produktionszyklus mit langer Lieferzeit. Daher kam es, dass die Anpassung (die Reduktion der Produktionsmenge) parallel zu einem sich erholenden Markt verlief. Und während der Markt bereits angezogen hatte, wurde immer noch zu wenig produziert. Die Nachfrage stieg während Corona nicht nur wegen stärkerer Nachfrage nach Autos, sondern auch, weil sich herausstellte, dass viele Menschen von zuhause aus arbeiteten und dafür einen leistungsstärkeren Computer oder Laptop brauchten, als sie besaßen. Daher nahm nun im Bereich Computer (und Peripheriegeräte) die Nachfrage nach Halbleitern noch einmal zu.

Hinzu kommt eine weitere Dynamik bei Halbleitern. Halbleiterhersteller haben hohe Fixkosten, so dass ungenutzte Kapazität entsprechend teuer ist. Nachdem die Automobilindustrie und andere Kunden weltweit ihre Nachfrageprognosen gesenkt hatten, haben die Unternehmen in der Halbleiterindustrie, die bereits hohe Kapazitäten hatten, sich überlegt, wie man diese anderweitig nutzen kann und sind mitunter andere Lieferverpflichtungen eingegangen, so dass sie nicht mehr zur Verfügung standen. Beide Dynamiken resultieren in der gleichen Konsequenz: einem massiven Ungleichgewicht von Angebot und Nachfrage. Aufgrund des Bullwhip-Effekts ist ferner zu erwarten, dass die Dynamik noch einige Zeit – vermutlich bis 2023 – benötigen wird, um sich wieder einzupendeln. Halbleiterhersteller bauen aktuell weitere Kapazität auf, um die Nachfrage zu decken. Sollte diese zusätzliche Kapazität aber langfristig nicht genutzt werden, würden Angebot und Nachfrage erneut auseinanderfallen, bis sich beide langsam in ein neues Gleichgewicht einpendeln.

3.4. Containerverfügbarkeit

Die Verfügbarkeit von Containern ist eine weitere globale Dynamik. Es handelt sich dabei um ein Thema, bei dem man eigentlich glaubte, es im Griff zu haben.

Die übliche Routine war etwa wie folgt: Man lädt Fracht in einen Container, transportiert diesen von Stadt A nach Stadt B, entleert ihn, nutzt ihn dann, um wieder andere Produkte zu laden und diese nach Stadt C zu transportieren und so weiter. Eine unendliche Tour, wenn man so möchte. Im globalen System herrschte so ein dynamisches Gleichgewicht, ein gutes, ausgeglichenes System. Zwar ist es nicht trivial, derartige Touren zu planen, aber im Gleichgewicht machbar. Es gibt dazu gute Algorithmen und bis auf ein paar lokale Engpässe war das Problem nicht weiter gravierend. Was ist jetzt passiert, in der jüngsten Vergangenheit? Zunächst fand im Anschluss an die erste Coronawelle eine rasante Erhöhung der Nachfrage statt, insbesondere im Vergleich zur Nachfrage während dieser ersten Welle. Die Engpässe einiger Rohstoffe und Komponenten führten dann aber dazu, dass bestimmte Produkte nicht geliefert werden konnten; dadurch konnten andere Produkte nicht fertig gestellt werden. Stand nun der entladene Container in der Stadt B, aber die Produkte, die damit weitergeschickt werden sollten, waren nicht bereit, so gab es zwei Möglichkeiten. Entweder der Container wurde nur zum Teil gefüllt und in die Stadt C versandt. Dann wurde für den Rest der Ladung jedoch ein weiterer Container benötigt. Oder der Container verblieb in Stadt B – dann fehlte er in Stadt C. In beiden Fällen führte es zu einem Mangel an Containern. Das System war nicht mehr im Gleichgewicht und es mangelte an Effizienz. Weitere Produkte, die zwar fertig produziert waren, konnten nicht ausgeliefert werden. Verschärft wurde der Containermangel darüber hinaus durch das Feststecken des Containerschiffs *Ever Given*, verbunden mit dem tagelangen Stau im Sueskanal.

Diese vier globalen Dynamiken veranschaulichen die Bedeutung von Kausalität. Nur wenn Unternehmen Ursachen eines Mangels an Produkten identifizieren, können sie Lösungen finden.

4. Management

Wenn Supply Chain Manager Ursachen für die Probleme in ihrer Lieferkette erkannt haben, können sie Lösungsstrategien identifizieren.

Erstens, Unternehmen können versuchen, auf Ersatzlieferanten auszuweichen. Es ist jedoch nicht einfach, gute, qualifizierte Lieferanten zu finden, aber für viele Unternehmen ist es dennoch notwendig. Mit dem Blick auf das Lieferketten-Gesetz kann es mitunter noch schwieriger werden, geeignete Lieferanten zu finden.

Zweitens, Unternehmen können Lagerbestände erhöhen, sie können mehr Produkte auf Lager haben. Das ist nicht so einfach, aber es erhöht die Wahrscheinlichkeit, auch mal eine Lieferverzögerung ausgleichen zu können. Im Umkehrschluss haben Unternehmen dafür aber einen höheren Finanzierungsbedarf. Nicht alle Unternehmen können es sich leisten, höhere Bestände zu finanzieren. Hier bedarf es einer Lösung, bei der die gesamte Lieferkette im Zweifelsfall einbezogen wird, beispielsweise im Rahmen der Lieferkettenfinanzierung.

Drittens, die Kommunikation mit Lieferanten bekommt eine neue Bedeutung, während zuvor die Verträge praktisch *nur* eingehalten werden mussten. Lieferanten und Abnehmer müssen sich über die Herausforderung klar sein, sich austauschen und gemeinsam an Lösungen arbeiten.

Nur durch die Kommunikation und die transparente Teilung von Informationen kann es zu substanziellen Lösungen kommen.

Viertens, Unternehmen sollten zunehmend überlegen, langfristige Lieferverträge abzuschließen. Einerseits reduziert das ihre Verhandlungsmacht: Wer Lieferanten eine langfristige Zusammenarbeit zu transparenten Konditionen anbietet, kann seltener rückverhandeln und nachträglich Preise senken. Langfristigkeit hilft aber andererseits, Lieferungen abzusichern, Vertrauen zu schaffen, und mittels langfristiger Lieferverträge auch ein Stück weit die Schwankungen in der Nachfrage zu reduzieren.

Der abschließende fünfte Punkt lässt sich sehr gut mit Nachhaltigkeit vereinbaren. Die Kreislaufwirtschaft kann stärker beachtet werden. Viele Produkte können recycelt werden und aus recycelten Produkten können neue Rohstoffe gewonnen werden. Dieses Recyclen kann vollständig in Deutschland stattfinden. Unternehmen können somit die Rohstoffe direkt aus Deutschland zurückgewinnen und brauchen keinen oder weniger globalen Handel für Rohstoffe. Das ist eine sehr nachhaltige, sehr umweltverträgliche Lösung und gleichzeitig eine, mit der man zunehmend die globalen Schwankungen auf den Rohstoffmärkten umgehen kann.

Es gibt also Möglichkeiten, mit den Herausforderungen umzugehen. Gleichzeitig bedeutet dies aber, dass für alle Lieferketten-Manager eine zusätzliche Arbeitsbelastung ansteht.

5. Lieferketten-Gesetz

Das Lieferkettengesetz ist richtig und wichtig; es ist notwendig und ein wichtiger Schritt, um die Nachhaltigkeit des Wirtschaftens zu verbessern. Es kann nicht sein, dass Unternehmen Wettbewerbsdruck an Lieferanten weitergeben, die zu Lasten der Umwelt oder der Gesellschaft wirtschaften. Gleichzeitig sind Lieferketten mitunter sehr umfangreich und komplex. Es ist nicht trivial zu sagen, ein Unternehmen solle die Nachhaltigkeit seiner Lieferkette beobachten, kontrollieren und Abweichungen feststellen. Es kommen noch weitere Aspekte hinzu, wie ich im Folgenden erläutern will. Zunächst einmal möchte ich mich der Frage widmen: Gab es Nachhaltigkeit bereits vor dem Inkrafttreten des Lieferketten-Gesetzes?

5.1. Motive für nachhaltiges Handeln

Absolut klar ist für die meisten Unternehmen die Relevanz, nachhaltig zu wirtschaften, um auch in 50 Jahren noch etwas zu haben, was man erwirtschaften kann. Wenn der Klimawandel nicht gestoppt wird, fallen in der Zukunft Märkte weg. Daraus ergibt sich das Motiv *Nachhaltigkeit aus Notwendigkeit*.

Ein weiteres Motiv ist *Nachhaltigkeit aus Verantwortung*. Auch das ist ein Thema, das für viele Unternehmen an Bedeutung gewinnt. Unternehmen haben eine gesellschaftliche Verantwortung. Sie können nur wegen der Gesellschaft und deren Infrastruktur existieren. Immer mehr Unternehmen erkennen diese Verantwortung auch an.

Verbunden mit der Verantwortung ist das Motiv *Nachhaltigkeit aufgrund von Fairness*. Es kann schließlich nicht sein, dass es uns auf der einen Seite der Erde so unglaublich gut geht, aber für die Lieferanten und für deren Mitarbeiter keine angemessene Entlohnung abfällt. Konsumenten sind zunehmend darüber besorgt und fordern mehr Fairness in globalen Lieferketten, wie Fair Trade Produkte deutlich machen.

Ein viertes Motiv, das regelmäßig in der Supply Chain Management Literatur diskutiert und erforscht wird, ist *Nachhaltigkeit als Performance Treiber*. Nachhaltigkeit und Rentabilität stehen nicht immer im Widerspruch. Wird auf unnötige Produktions- oder Transportschritte verzichtet, Energie gespart und/oder die Ausfallzeit der Belegschaft reduziert, so kann mehr Nachhaltigkeit einen sehr positiven Effekt auf die Kosten haben.

5.2. Herausforderungen für Nachhaltigkeit in Lieferketten

Eine Reihe von Herausforderungen ist mit der Nachhaltigkeit in Lieferketten verbunden. Deren Relevanz ist insbesondere vor dem Hintergrund des Lieferketten-Gesetzes erhöht.

Erstens Komplexität. Hier ein Gedankenexperiment: Ein Unternehmen hat 1.000 Lieferanten, jeder davon hat wieder 100, das sind 100.000 Unternehmen. Wir sprechen hier von Stufe-Zwei Lieferanten. Das sind schon bei diesem fiktiven Unternehmen viele Betriebe, die gemanagt werden müssen. Volkswagen zum Beispiel hat bereits allein 40.000 direkte Lieferanten. Wenn man das jetzt extrapoliert, sprechen wir von einer sehr hohen Zahl an Lieferanten auf der nächsten Stufe, fast einer halben Million. Wissen über diese Unternehmen ist schwierig zu managen, allein aufgrund der großen Anzahl. Eine andere Perspektive ist, wenn ein Unternehmen nun nur einen Lieferanten austauscht (beispielsweise wegen

Lieferengpässen) so folgen automatisch 100 weitere Lieferanten auf der zweiten Stufe in unserem Beispiel, vielleicht sogar 1.000 in anderen Situationen. Wohlgemerkt handelt es sich nur um Lieferanten auf der zweiten Stufe. Bis hin zu den Rohstoffen, wo im Bereich seltene Erden besondere Ansprüche an verantwortliches Handeln gelten, befinden sich weitaus mehr Lieferanten. Vor dem Hintergrund der anfänglichen Erläuterung rund um das Thema Rohstoffmangel, wo Unternehmen mitunter alles daransetzen, kurzfristig Lösungen zu identifizieren, kann die Überprüfung der Lieferkette eine große Herausforderung werden (sollte sie vollständig notwendig sein). Diese Komplexität ist da und muss bewältigt werden.

Zweitens liegt eine Inzentivierungsproblematik vor. Anreize müssen richtig gesetzt werden; verschiedene Ebenen sind zu beachten, was ein grundsätzliches Problem im Lieferketten Management ist (Cachon, 2003). Ein Unternehmen, das ein Produkt in Deutschland verkauft, setzt andere Schwerpunkte als sein Lieferant, der in Ostasien produziert. Während die Kunden des Unternehmens in Deutschland auf Nachhaltigkeit und auf gewisse Standards hohen Wert legen, ist es Hauptziel für die Zulieferer, effizient zu fertigen, um mit einem niedrigen Preis eine Ausschreibung zu gewinnen und überhaupt erst als Lieferant in Frage zu kommen. Diese unterschiedlichen Ziele führen zu verschiedenen Anreizen bei Entscheidungen, die zu treffen sind.

Die zweite Ebene betrachtet Abteilungen innerhalb eines Unternehmens, die auch unterschiedliche Ziele haben können. Hat ein Unternehmen zum Beispiel eine Abteilung für das Supply Chain Management, so geht es in ihr vorrangig darum, die richtigen Produkte zur richtigen Zeit am richtigen Ort in der richtigen Menge zu haben. Hat es eine Abteilung für Nachhaltigkeit, so geht es dieser in erster Linie darum, die Nachhaltigkeit zu erhöhen. Nun kann es sein, dass unterschiedliche Ziele aufeinandertreffen, die zunächst einmal vereinbart werden müssen. Während es bei rechtlichen und Compliance-relevanten Themen mitunter klar sein kann (zunächst muss sich ein Unternehmen an Gesetze halten), so gibt es im Rahmen der sozialen Verantwortung sicherlich einen Auslegungsspielraum.

Die dritte Ebene umfasst Mitarbeiter und Manager innerhalb eines Unternehmens. Auch diese haben unterschiedliche Ziele. Wenn ein Mitarbeiter im Einkauf unter anderem danach bezahlt wird, zu welchem Anteil die Kosten gesenkt werden konnten, dann hat dieser Mitarbeiter als erstes auch das Ziel, die Kosten zu senken. Hier muss ein geeignetes Anreizsystem geschaffen werden, welches die Unternehmensziele widerspiegelt. Es ist ferner zu beachten, dass die Ausbildung und Expertise von Managern im Bereich Supply Chain Management in der Regel durchaus eine andere ist, als man für eine stringente Umsetzung der Nachhaltigkeit benötigen würde (wobei es immer mehr Ausnahmen gibt). So sind Supply Chain Manager darin ausgebildet, Algorithmen vernünftig umzusetzen, konkret zu planen, Strategien zu entwickeln und die globalen Dynamiken zu verstehen und für das eigene Unternehmen zu nutzen. Das Thema Nachhaltigkeit erfordert komplementäre Fähigkeiten, die eventuell erst einmal in die Organisation eingebracht werden müssen.

Transparenz in der Supply Chain ist die dritte Herausforderung. Kennt ein Unternehmen alle Lieferanten? Gibt es Maverick Buying, wo Mitarbeiter vorbei am zentralen Einkauf einkaufen? Beispielsweise bei einem Online-Händler etwas bestellen und sich die Kosten erstatten lassen? Selbst wenn ein Unternehmen rigoros ist und seine Lieferanten kennt – wer sind die Lieferanten auf der zweiten Stufe? Dazu kommt Folgendes: schlicht zu wissen, wer die relevanten Lieferanten in einer Supply Chain sind, ist nicht genug. Was machen diese Lieferanten eigentlich, wenn gerade kein Audit durchgeführt wird? Wie wird dann bei ihnen gearbeitet? Selbst wenn ein Lieferant eine Liste seiner Lieferanten nachweist, so ist unklar, ob diese vollständig ist oder ob Produkte mitunter auch von anderen Lieferanten bezogen werden. Diese Transparenz ist eine klare Herausforderung.

5.3. Lösungsansätze für Nachhaltigkeit in Lieferketten.

Es gibt wichtige Lösungsansätze: Externe Anreize, wie sie im Lieferketten-Gesetz vorgesehen sind, sind insbesondere dann hilfreich, wenn interne (kurzfristige) Ziele wie die Profitmaximierung oder das Erreichen bestimmter Liquiditätsziele nicht mit dem Nachhaltigkeitsgedanken übereintreffen. Werden negative Aktionen sanktioniert, so kann nachhaltiges Agieren zum profitmaximierenden Handeln führen.

Verbindliche Standards innerhalb von Industrien sind eine weitere wichtige Maßnahme. Sie helfen dabei, dass sich kein individueller Nachteil dadurch ergibt, dass sich einzelne Unternehmen an Vorgaben halten, während Wettbewerber dies nicht tun und dadurch zu günstigeren Konditionen einkaufen können. Wenn alle Unternehmen einer Industriesparte zu verbindlichen Standards verpflichtet sind, so kann es allen Unternehmen langfristig besser gehen. Das Lieferketten-Gesetz kann dazu beitragen, derartige Standards zu definieren.

Zwar befinden sich sehr viele Unternehmen auf der zweiten Stufe – im Beispiel oben bereits 100.000 Lieferanten. Jedoch muss es nicht nötig sein, alle zu kennen. Hier kann man sich der Logik der Induktion bedienen. Wenn es einem Unternehmen gelingt, von seinen direkten Lieferanten ein Verhalten X zu verlangen, kann ein Bestandteil von X sein, dass diese Lieferanten dieses Verhalten ebenfalls von ihren Lieferanten verlangen und die Einhaltung sicherstellen. So muss, per Induktion, jeder weitere Lieferant dieses Verhalten auch von seinen Lieferanten verlangen und so weiter. Würde ein Unternehmen der Lieferkette gegen X verstoßen, so würden praktisch alle gegen X verstoßen. Es reicht im Umkehrschluss, dass ein Unternehmen nur seine direkten Lieferanten überprüft (und kennt).

Technologie stellt eine weitere Möglichkeit dar und eröffnet neue Möglichkeiten, wie im nächsten Abschnitt über Blockchain andiskutiert wird. Dabei ist wichtig zu betonen, dass der Verweis auf Innovationen und das Potenzial von Technologie keine Probleme löst. Unternehmen müssen Technologie konsequent implementieren und gewinnbringend einsetzen.

6. Blockchain Technologie

Blockchain Technologie ermöglicht, dass Daten nicht mehr nur lokal bei Unternehmen vorhanden sind. Anstelle von Datenbanksystemen, die häufig auf Unternehmensebene gelagert sind, ermöglichen Blockchains die Vernetzung mehrerer Unternehmen, so dass Daten zwar dezentral aber gleichsam konsistent bei allen beteiligten Unternehmen vorhanden sind (Babich & Hilary, 2020). Dabei können bestimmte Felder verschlüsselt sein. So kann im Vorfeld definiert werden, welche Partei welchen Datenzugang bekommt. Aus technischen Gründen, insbesondere der Redundanz, können Daten in einer Blockchain im Nachhinein nicht gefälscht oder angepasst werden. Bei der Speicherung wird ein Konsensprotokoll verwendet. Ferner gibt es einige Funktionen, die Blockchains äußerst effizient machen können. Smart Contracts beispielsweise sind Funktionen, die auf einer Blockchain laufen und bei bestimmten Bedingungen automatisch getriggert werden. So kann etwa eine Bezahlung automatisch nach erfasster Warenübergabe erfolgen, wenn sich die Parteien darauf einigen. Dies macht Interaktion mit Blockchains berechenbarer.

Eine besondere Funktion von Blockchains ist, dass sie gesamte Lieferketten digital abbilden können (Hastig & Sodhi, 2020). Es ist möglich, dass jeder Produktionsschritt erfasst (beispielsweise durch Scanner oder Videos dokumentiert) und gespeichert wird. So könnten erstmals Unternehmen transparent sämtliche Wertschöpfungsschritte entlang ihrer Lieferkette nachvollziehen. Anstelle zu eruieren, welche Lieferanten auf der 2. Stufe, der 3. Stufe usw. stehen, könnten Unternehmen direkt nachweisen, aus welchen Quellen sie ihre Rohstoffe beziehen und ob es dort zu Konflikten kommt. Obgleich eine Lieferkette äußert viele Unternehmen umfassen kann (siehe Komplexitätsargument oben), so kann es genügen, wenige Rohmaterialunternehmen zu kennen und systematisch zu überprüfen, um starken Einfluss auf Nachhaltigkeit zu haben. Erste Blockchain–Einsätze, beispielsweise im Bereich Diamanten, demonstrieren diese Möglichkeiten. Blockchain bringt allerdings einige Herausforderungen mit sich; viele davon sind Gegenstand der aktuellen Forschung. Werden diese jedoch erfolgreich bearbeitet, so kann Blockchain die meisten wesentlichen Herausforderungen für mehr Nachhaltigkeit in Lieferketten, die zuvor diskutiert wurden, adressieren.

Literatur

Babich, V., & Hilary, G. (2020). OM Forum—Distributed Ledgers and Operations: What Operations Management Researchers Should Know About Blockchain Technology. *Manufacturing & Service Operations Management*, *22*(2), 223–240. https://doi.org/10.1287/msom.2018.0752

Cachon, G. P. (2003). Supply Chain Coordination with Contracts. In *Handbooks in Operations Research and Management Science* (Vol. 11, pp. 227–339). Elsevier. https://doi.org/10.1016/S0927-0507(03)11006-7

Cohen, M. A., & Kouvelis, P. (2021). Revisit of AAA Excellence of Global Value Chains: Robustness, Resilience, and Realignment. *Production and Operations Management*, *30*(3), 633–643. https://doi.org/10.1111/poms.13305

Hastig, G. M., & Sodhi, M. S. (2020). Blockchain for Supply Chain Traceability: Business Requirements and Critical Success Factors. *Production and Operations Management*, *29*(4), 935–954. https://doi.org/10.1111/poms.13147

Lee, H. L., Padmanabhan, V., & Whang, S. (1997). Information Distortion in a Supply Chain: The Bullwhip Effect. *Management Science*, *43*(4), 546–558. https://doi.org/10.1287/mnsc.43.4.546

Mentzer, J., DeWitt, W., & Keebler, J. S. (2001). Defining Supply Chain Management. *Journal of Business Logistics*, *22*(2), 26. https://doi.org/doi.org/10.1002/j.2158-1592.2001.tb00001.x

Wuttke, D. A., Donohue, K., & Siemsen, E. (2018). Initiating Supplier New Product Development Projects: A Behavioral Investigation. *Production and Operations Management*, *27*(1), 80–99. https://doi.org/10.1111/poms.12784

Lieferketten und Wertschöpfungsprozesse als Regelungssubstrat und Anknüpfungspunkt unternehmerischer Sorgfaltspflichten

Prof. Dr. Michael Nietsch[*]

A. *Adressatenkreis und sachlicher Anwendungsbereich des neuen Lieferkettensorgfaltspflichtengesetzes als Fragestellung*

Das „Gesetz über die unternehmerischen Sorgfaltspflichten in Lieferketten" (LkSG)[1] erweist sich als neuartiges Regelungsinstrument, mit dem bestimmte Rechtsgüter im Rahmen von Wertschöpfungsprozessen typisiert und darauf bezogene Schutzpflichten für die daran beteiligten Unternehmen angeordnet werden. Es findet eine konzeptionell vergleichbare Regelung im französischen Loi de Vigilance[2], erweist sich hinsichtlich seiner Weite im Übrigen aber ohne Vorbild. In absehbarer Zeit ändern könnte sich das durch eine harmonisierende EU-Regelung, wie sie die EU-Kommission im Februar 2022 vorgeschlagen hat (CSDD).[3]

Anders als es der Name des Gesetzes vermuten lässt, geht es beim LkSG nicht nur um die bloße Zulieferung von Rohstoffen und Vorprodukten zur weiteren Verarbeitung durch in Deutschland ansässige Unternehmen. Vielmehr sind auch Absatzketten in den Blick zu nehmen, u.U. ist sogar der Lebenszyklus von Produkten pflichtenbegründend. Insoweit ist der Wertschöpfungsprozess in zweierlei Hinsicht von Bedeutung: *Erstens* stellt er als Regelungssubstrat den Anknüpfungs- und Bezugspunkt für die Pflichten nach §§ 4 ff. LkSG dar. *Zweitens* entscheidet er, welche Unternehmen bzw. Rechtsträger als Teile von Unternehmensgruppen angesprochen sind. Beides stellt sich komplexer dar, als es auf den ersten Blick durch die

---

* Der Autor ist Inhaber des Lehrstuhls für Bürgerliches Recht Unternehmensrecht und Kapitalmarktrecht und Leiter des Center for Corporate Compliance an der EBS Law School Wiesbaden.

1 Gesetz über die unternehmerischen Sorgfaltspflichten in Lieferketten, BGBl. 2021 I S. 2959.

2 LOI n° 2017–399 du 27 mars 2017 relative au devoir de vigilance des sociétés mères et des entreprises donneuses d'ordre (1).

3 Dazu etwa *Nietsch/Wiedmann*, CCZ 2022, 125 ff.

Schwellenwertregelung des § 1 LkSG und die Legaldefinition des Lieferkettenbegriffs in § 2 V LkSG den Anschein hat. Das gilt vor allem in Hinblick auf Unternehmensgruppen und liegt zum Teil daran, dass eine Wechselwirkung mit den Regelungen zum Sorgfaltspflichteninhalt, insbesondere den §§ 4 II u. IV, 5 II 2 u. 9 III LkSG besteht. Darüber hinaus sind die Vorstellungen der UN Guiding Principles und der OECD-Leitlinien über multinationale Unternehmen zu berücksichtigen sind. Zugleich müssen hierbei für die gesamte Lieferkettendogmatik tragende Überlegungen ihren Niederschlag finden. Rechtspolitische Zielsetzungen und Schutzzweckerwägungen spielen also ebenso eine Rolle wie die Abgrenzung von Risiko- und Verantwortungssphären unter Machbarkeitsgesichtspunkten. All das beeinflusst sodann in zentraler Weise die Rechtsfolgenseite, also vor allem die Pflicht zur Abhilfe, mögliche Haftung und Bußgeldsanktion.

Die Bestimmung des Wertschöpfungskettenprozesses für die vorliegenden Zwecke stellt sich aber noch aus anderen Gründen als herausfordernd dar. Dazu gehört, dass es sich um eine weitgehend durch neue sozioökonomische Kriterien vorgeprägte Kategorie handelt, die in bestehende rechtliche Strukturen zu überführen sind, sich aber nicht widerspruchslos in diese einfügen. Weiter verrät der Blick auf die realen Gegebenheiten, dass sich die Vorstellung einer (im Übrigen noch aus wenigen Gliedern bestehenden) Kette zumeist nicht bewahrheitet. Der Regelbefund entspricht eher komplexen und vielschichtigen Netzwerken, bei denen die Zahl der Beteiligten 6-stellige Größen erreicht und diese zudem noch durch das Ausscheiden vorhandener und den Eintritt neuer Vertragspartner kurzfristig verändert werden. Die Zivilrechtsdogmatik ist mit der Debatte um Netzverträge und den vertragstheoretischen Ansätzen zu relationalen Verträgen sowie zur Contract Governance darauf kaum vorbereitet.

Die nachfolgenden Überlegungen wählen als Ausgangspunkt die gesetzliche Schwellenwertregelung des § 1 LkSG (s.u. B.) und gelangen sodann zum sachlichen Anwendungsbereich des Gesetzes. Dabei wird zunächst der Lieferkettenbegriff des § 2 V LkSG näher bestimmt und die weiteren, für die Kennzeichnung von Wertschöpfungsbeziehungen maßgeblichen, gesetzlichen Tatbestandsmerkmale untersucht (zu beidem s.u. C.). Dem folgen Ausführungen zur Einbeziehung mittelbarer Zulieferer und zum Konzern (u. D.), bevor mit einem abschließenden Fazit (s.u. E) zu den methodischen Ansätzen des Lieferkettensicherheitsrechts Stellung zu nehmen ist.

B. Gesetzliche Regelungen zum Adressatenkreis

Die als „Unternehmen" bezeichneten Gesetzesadressaten ergeben sich zum einen aus den in § 1 LkSG genannten Voraussetzungen. Zum anderen müssen diese durch die Festlegung der verbundenen Unternehmen nach § 2 VI 2 LkSG ergänzt werden. Von Bedeutung ist sodann der „eigene Geschäftsbereich" nach § 2 VI 1 LkSG und der Begriff des mittelbaren Zulieferers nach § 2 VII LkSG.

I. Notwendiger Inlandsbezug

1. Sitz als Anknüpfungskriterium

§ 1 I Nr. 1 LkSG sieht primär eine Anwendung des Gesetzes auf Unternehmen vor, die ihre Hauptverwaltung, ihre Hauptniederlassung, ihren Verwaltungssitz oder ihren satzungsmäßigen Sitz im Inland haben. In der Begründung wird hierzu ausgeführt, dass nur bei diesen Unternehmen davon ausgegangen werden kann, dass sie relevante Entscheidungen für das Risikomanagement der Lieferketten treffen.[4] Eine ähnliche Formulierung fand sich auch im sog. Eckpunktepapier[5] des Bundesministeriums für Arbeit und Soziales und des Bundesministeriums für wirtschaftliche Zusammenarbeit und Entwicklung zum Lieferkettengesetz aus dem Jahr 2020.[6] Regelungsadressaten sollten nur Unternehmen sein, die aufgrund ihrer Ansässigkeit einen starken Inlandsbezug haben und unternehmerische Steuerungsentscheidungen in Deutschland treffen. Unternehmen, die ohne Präsenz im Inland ihre Produkte oder Dienstleistungen in Deutschland verkaufen, sollten nicht unter das Gesetz fallen.

---

4 Gesetzentwurf der Bundesregierung über die unternehmerischen Sorgfaltspflichten in Lieferketten (19/28649) vom 19.04.2021, Gesetzesbegründung S. 33.

5 Entwurf für Eckpunkte eines Bundesgesetzes über die Stärkung der unternehmerischen Sorgfaltspflichten zur Vermeidung von Menschenrechtsverletzungen in globalen Wertschöpfungsketten(Sorgfaltspflichtengesetz) v. 10.3.2020, abrufbar unter https://die-korrespondenten.de.

6 Schmidt-Räntsch: Sorgfaltspflichten der Unternehmen – Von der Idee über den politischen Prozess bis zum Regelwerk, ZUR 2021, 387.

2. *Einbeziehung ausländischer Unternehmen*

Grenzüberschreitende Wirtschaftsaktivitäten stellen indessen einen hinreichenden Inlandsbezug für die Anwendbarkeit der Sorgfaltspflichtengesetze in Großbritannien[7] und in den Niederlanden[8] dar. Der Entschließung des Europäischen Parlaments[9] folgend, sieht auch der Vorschlag der EU-Kommission in Art. 2 III CSDD eine Anwendung auf Drittstaatenunternehmen vor. Das LkSG lässt den Absatz von Produkten oder die Erbringung von Dienstleistungen im Inland nicht ausreichen, erstreckt seinen Anwendungsbereich aber in § 1 I 2 Nr. 1 und 2 LkSG (ohne diese ausdrücklich so zu nennen) auf ausländische Unternehmen, wenn diese Zweigniederlassungen gem. § 13d HGB im Inland haben und i.d.R. mindestens 3.000 Arbeitnehmer beschäftigen. Die ursprüngliche Konzeption wird damit zumindest teilweise verwässert, da relevante Entscheidungen für das Risikomanagement zumeist nicht in Zweigniederlassungen getroffen werden und auch eine hohe Beschäftigtenzahl dies nicht gewährleistet. Trotzdem ist die Einbeziehung grundsätzlich von Konsens getragen. Aus Unternehmenssicht sind hierfür vor allem Gesichtspunkte der Wettbewerbsgleichheit tragend. Darüber hinaus erfasst die Regelung im Inland operativ tätige Internethändler, die ihren Verwaltungssitz im EU-Ausland haben und mit inländischen Händlern konkurrieren.[10]

Anders als § 1 I 2 Nr. 1 u. 2 LkSG verzichtet Art. 2 III CSDD auf eine Mindestbeschäftigtenzahl und knüpft stattdessen alternativ an einen Umsatz von mehr als 150 Mio. € im vorausgegangenen Geschäftsjahr innerhalb des Unionsgebiets an (a) bzw. lässt genügen, dass es sich lediglich um 40.000 € handelt, sofern die entsprechenden Unternehmen zu sog. Hochrisikoindustrien i.S.d. Art. 2 I (b) CSDD gehören (b).

7 UK Modern Slavery Act 2015, Section 54 (2) abrufbar unter https://www.legislation.gov.uk.

8 Wet Zorgplicht Kinderarbeid, Art. 4 Abs. 1, abrufbar unter https://zoek.officielebekendmakingen.nl.

9 Entschließung des Europäischen Parlaments, Art. 4 Nr. 3.

10 Vgl. u.a. die Ausführungen von Prof. Rolf Langhammer, Institut für Weltwirtschaft, im Rahmen der öffentlichen Anhörung zum Entwurf eines Gesetzes über die unternehmerischen Sorgfaltspflichten in Lieferketten am 17.05.2021, Wortprotokoll S. 12, abrufbar unter https://www.bundestag.de.

II. Schwellenwertbestimmungen

1. Anzahl der Beschäftigten

Das LkSG enthält zeitlich gestaffelt unterschiedliche Mindestbeschäftigtenvorgaben. Zunächst, d.h. ab dem 1. Januar 2023, fallen alle Unternehmen in den Anwendungsbereich des Gesetzes, die „ungeachtet ihrer Rechtsform (…) in der Regel mindestens 3.000 Arbeitnehmer im Inland beschäftigen“. Ab dem 1. Januar 2024 wird der genannte Schwellenwert auf 1.000 Arbeitnehmer gesenkt (§ 1 I 3 LkSG). Bei der Berechnung sind ins Ausland entsandte Arbeitnehmer erfasst (§ 1 I 1 Nr. 1 und 2 LkSG).

Die Berechnung der „in der Regel“ beschäftigten Arbeitnehmer soll mittels einer rückblickenden Betrachtung sowie einer Prognose hinsichtlich der zukünftigen Personalentwicklung, unter Berücksichtigung der vom Bundesarbeitsgericht[11] hierzu entwickelten Grundsätze, erfolgen.[12] Leiharbeiter sollen bei der Berechnung der Arbeitnehmerzahl nur dann berücksichtigt werden, wenn ihre Einsatzdauer im Unternehmen sechs Monate überschreitet (§ 1 II LkSG), weil dann ihr Einsatz „kennzeichnend für die maßgebliche Größe des Unternehmens“ ist.[13]

2. Konsolidierte Betrachtung im Konzern

a) Grundsätze bei Inlandsunternehmen

Innerhalb von verbundenen Unternehmen (§ 15 AktG) sind alle im Inland beschäftigten Arbeitnehmer sämtlicher konzernangehöriger Gesellschaften bei der Berechnung der Arbeitnehmerzahl der Obergesellschaft zu berücksichtigen (§ 1 III 1. Hs. LkSG). Zweck der Vorschrift ist eine Konsolidierung, welche die Schwellenwertregelung des § 1 I LkSG von der Aufteilung der Beschäftigungsverhältnisse bei unterschiedlichen Rechtsträgern unabhängig macht. Der RegE. nahm dabei noch Bezug auf den Begriff der Konzernmutter.[14] Dessen Ersetzung durch „Obergesellschaft“ erfolgte auf-

---

11 BAG, Urteil vom 16. 11. 2004 – 1 AZR 642/03, NJOZ 2005, 4140.

12 Gesetzentwurf der Bundesregierung über die unternehmerischen Sorgfaltspflichten in Lieferketten (19/28649) vom 19.04.2021, Gesetzesbegründung S. 33.

13 Gesetzentwurf der Bundesregierung über die unternehmerischen Sorgfaltspflichten in Lieferketten (19/28649) vom 19.04.2021, Gesetzesbegründung S. 34.

14 Gesetzentwurf der Bundesregierung über die unternehmerischen Sorgfaltspflichten in Lieferketten (19/28649) vom 19.04.2021, Gesetzesbegründung S. 34.

grund der Beschlussempfehlung und den Bericht des Ausschusses für Arbeit und Soziales vom 9. Juni 2021 aus rein stilistischen Gründen.[15]

Der Begriff der „Obergesellschaft“ wird im LkSG nicht definiert. Unklar ist damit zweierlei: Zum einen, ob von der Konsolidierung alle Formen der Unternehmensverbindung nach § 15 AktG oder nur Konzerne i.S.d. § 18 AktG betroffen sind, also mit anderen Worten, ob bereits die Möglichkeit der Einflussnahme durch Mehrheitsbesitz und Abhängigkeit (§§ 16 u. 17 AktG) ausreicht, um die Eigenschaft „Obergesellschaft“ zu begründen oder ob es dazu der Ausübung von Leitungsmacht bedarf und diese ggf. widerlegt werden kann bzw. muss. Zum anderen – und an letzteres anknüpfend – ist unklar, ob mit Obergesellschaft stets die Muttergesellschaft oder das herrschende Unternehmen im Konzern gemeint ist bzw. sogar beide Adressaten der Pflichten des LkSG sein können. Wie noch darzulegen sein wird, spricht mit Blick auf § 2 VI 2 LkSG viel dafür, nur Konzerne angesprochen zu sehen und die Ausübung von Leitungsmacht innerhalb als Merkmal des Konsolidierungskreises zu verlangen. Dasselbe ergibt sich aufgrund des Wortlauts von § 1 III 1. Hs. der nur noch von „konzernangehörigen Gesellschaften“ spricht. Damit ist über die zweite Frage – der Zuständigkeit des herrschenden Unternehmens als dem Haupteinflussträger oder der davon möglicherweise zu unterscheidenden Muttergesellschaft – noch nicht entschieden, auf die noch gesondert einzugehen ist (dazu noch ausführlich u. D. II. 1.).

b) Grenzüberschreitende Unternehmensgruppe

Unklar ist auch, ob die nach § 1 III LkSG geforderte Konsolidierung nur die im Inland ansässigen Rechtsträger oder auch solche im Ausland erfasst. Gemeint ist damit eine Situation, in der die erforderlichen Schwellenwerte nur bei Einbeziehung in- und ausländischer Gesellschaften erreicht werden.

> Beispiel (1): Die A-AG verfügt als Obergesellschaft mit Sitz im Inland über 150 Arbeitnehmer, hat aber eine Tochtergesellschaft T mit 2.900 Arbeitnehmern im Ausland.
> Beispiel (2): Die über 2.900 Beschäftigte verfügende Tochtergesellschaft T hat ihren Sitz im Inland, die Obergesellschaft im Ausland.

---

15 Im folgenden Beschlussempfehlung, BT-Drs. 19/30505, S. 34.

In beiden Fällen erreicht das Unternehmen den zunächst (bis 2024) erforderlichen Schwellenwert von i.d.R. 3.000 Arbeitnehmern nach vorliegendem Verständnis nicht. Grund dafür ist zunächst der sowohl durch § 1 I 1 Nr. 2 wie S. 2 Nr. 2 LkSG formulierte Inlandsbezug. Er schließt inländische Konzerne unterhalb der dort genannten Beschäftigtenzahl vom Anwendungsbereich des LkSG aus. Selbiges gilt nach S. 2 Nr. 2 der Vorschrift für Auslandskonzerne mit inländischen Tochtergesellschaften. Bestätigt wird dies durch den Wortlaut des § 1 III 1. Hs. LkSG, wonach die Konsolidierung nur „im Inland beschäftigte Arbeitnehmer" betrifft.

Entgegen dem ersten Eindruck stellt der 2. Hs. der Vorschrift, wonach „ins Ausland entsandte Arbeitnehmer" erfasst sind, diese Einschätzung nicht in Frage. Im Beispiel 1 muss sich die inländische Obergesellschaft die bei ihrer Auslandstochter tätigen Mitarbeiter also nicht zurechnen lassen. *Erstens* sind im Ausland originär bei einem eigenständigen Rechtsträger angestellte Beschäftigte nicht dorthin „entsandt"; dies trifft nur für solche der inländischen Obergesellschaft, die dort tätig sind, zu. *Zweitens* will § 1 III LkSG (also sowohl dessen 1. wie sein 2. Hs.) die Schwellenwertregelung nach Abs. 1 nicht abändern, sondern nur die zu deren Anwendung erforderliche Berechnungsregel formulieren. Und *drittens* ließe sich der zu § 1 I 1 Nr. 2 u. S. 2 Nr. 2 LkSG entstehende Widerspruch zu „im Inland" sonst kaum ausräumen.

3. *Zahl der erfassten Unternehmen im Vergleich*

In der Konsequenz werden nach Schätzungen des Bundesministeriums für wirtschaftliche Zusammenarbeit und Entwicklung (BMZ) ab der endgültigen Regelung (Schwellenwert 1.000 Mitarbeiter beginnend 2024) ca. 4.800 Unternehmen unmittelbar den Anforderungen des LkSG unterworfen,[16] deutlich weniger als dem – im Wesentlichen auf Transparenz ausgerichteten – UK Modern Slavery Act, aber mehr als die Adressaten der §§ 289a ff. HGB und des Loi de Vigilance.[17] Die Beschäftigtenzahlen wirken sich nicht nur für die Anwendbarkeit des LkSG als solches aus, sondern bestimmen im Rahmen des Kriteriums „Art und Umfang der Geschäftstätigkeit" (§ 3 II Nr. 2 LkSG) auch die Angemessenheit des Sorgfaltspflichteninhalts.

---

16 Fragen und Antworten zum Lieferkettengesetz, abrufbar unter https://www.bmz.de.

17 Dazu noch unten S. 123 ff.

4. Blick auf die europäische Lieferkettenregelung – niedrigere Schwellenwerte und risikobasierter Ansatz

Art. 2 I (a) CSDD sieht im Vergleich zum LkSG deutlich geringere Schwellenwerte vor, verbindet diese aber mit (insgesamt eher niedrigen) Mindestumsatzkennziffern. So sollen die Mitgliedstaaten Sorgfaltspflichten bereits für Unternehmen ab 500 Arbeitnehmern und einen weltweiten Nettoumsatz von 150 Mio. € vorsehen.[18] Das führt nach Schätzungen der EU-Kommission zu einem Anwenderkreis von ca. 13.000 EU-Unternehmen (1 % aller im Unionsgebiet ansässigen Unternehmen) und ungefähr 4.000 Drittstaatenunternehmen.[19]

Anders als es diese Regelung nahelegt und in § 1 LkSG vorgesehen ist, verfolgt die CSDD auch keinen rein statischen Ansatz, sondern enthält ergänzende Bestimmungen ausgehend vom konkreten Risikopotential des Unternehmens. Dem liegt wiederum die Entschließung des Europäischen Parlaments zum Erlass des Entwurfs einer Richtlinie zur Sorgfaltspflicht und Rechenschaftspflicht von Unternehmen zugrunde.[20] Danach soll die Richtlinie auch kleinere und mittlere Unternehmen mit hohem Risiko (die von der Kommission zu definieren sind) erfassen (Art. 2 Nr. 2 der Entschließung). Die Entschließung sieht zudem vor, dass der Umfang der Sorgfaltspflichten u.a. von der Größe und der Position des Unternehmens in der Wertschöpfungskette abhängen, um der Leistungsfähigkeit kleiner und mittlerer Unternehmen Rechnung zu tragen.[21] § 3 II LkSG trägt der Risikogeneigtheit der Tätigkeit zwar ebenfalls Rechnung, indem dort auf die Art der Geschäftstätigkeit (Nr. 1) und seine Beziehung zur Verursachung des menschenrechtlichen Risikos (Nr. 2) abgestellt wird. Allerdings lässt das den Anwendungsbereich des Gesetzes als solchen unberührt. Der Vorschlag der EU-Kommission sieht dagegen ein Mischkonzept vor: Nach Art. 2 I (b) CSDD sinkt demgem. bei Industrien mit erhöhtem Risiko (Textil-, Leder- und ähnliche Produkte, einschließlich Schuhe und entsprechenden Großhandelsunternehmen (i), Land- und Forstwirtschaft, Fischereiindustrie (einschließlich Aquakulturen), Lebensmittelherstellern und dem Großhandel mit landwirtschaftlichen Rohstoffen, Lebendtieren, Holz, Le-

18 Zur allein auf die genannte Umsatzkennziffer bezogenen Regelung bei Drittstaatenunternehmen (Art. 2 III CSDD) bereits oben u. B. I. 2.

19 COM (2022), 71 final, S. 20 Fn. 62 f.

20 Entschließung des Europäischen Parlaments vom 10.3.2021 (2020/2129 (INL)), abrufbar unter https://www.europarl.europa.eu.

21 Entschließung des Europäischen Parlaments vom 10.3.2021 (2020/2129 (INL)), Erwägungsgrund (18).

bensmitteln und Getränken (ii) sowie Förderunternehmen i.S.v. (iii)) die Anwendungsschwelle auf durchschnittlich 250 Mitarbeiter bei einem weltweiten Umsatz von 40 Mio. €, sofern mindestens 50 % in den genannten Sektoren erwirtschaftet werden. Insgesamt besteht daher Grund zu der Vermutung, dass der statische Ansatz des LkSG durch risikoorientierte Vorgaben ergänzt und der Kreis der sorgfaltspflichtigen Unternehmen damit erweitert wird.[22] Darüber hinaus bedient sich der Vorschlag zur CSDD auch einer anderweitigen Regelung zur Unternehmensgruppe.[23]

5. Unterhalb der Schwellenwerte mittelbar erfasste Unternehmen

Unabhängig vom Schwellenwert kann aber auch das LkSG faktisch jedes Unternehmen treffen. Zum einen, wenn das Unternehmen unmittelbarer Zulieferer eines Regelungsadressaten ist und von diesem vertraglich verpflichtet wird, die menschenrechtsbezogenen und umweltbezogenen Erwartungen des Regelungsadressaten, seines Vertragspartners, einzuhalten. Denn hier besteht nicht nur eine gesetzliche Pflicht bei der Auswahl (§ 6 IV Nr. 1 LkSG), sondern implizit auch die Notwendigkeit von vertraglichen Reglungen. Davon können zum anderen auch mittelbare Zulieferer betroffen sein, weil die unmittelbaren Zulieferer die Erwartungen ihres Vertragspartners bei ihren eigenen Vorlieferanten angemessen adressieren sollen (§ 6 IV Nr. 2 LkSG). Dies kann bspw. durch die Vereinbarung von sogenannten Weitergabeklauseln erreicht werden. Damit wird der unmittelbare Zulieferer verpflichtet, die Einhaltung der Vertragsbedingungen oder den Lieferantenkodex seines Vertragspartners an seine eigenen Vorlieferanten weiterzureichen. So kann der Vertragspartner von seinem unmittelbaren Zulieferer vertraglich verlangen, dass Vorprodukte nur aus bestimmten Regionen oder zertifizierten Betrieben stammen dürfen.[24]

C. Sachlich-gegenständlicher Anwendungsbereich der Sorgfaltspflichten

Der sachlich-gegenständliche Anwendungsbereich des LkSG wird durch das Vorliegen eines menschenrechtlichen bzw. umweltbezogenen Risikos

---

22 So auch schon *Nietsch/Wiedmann*, NJW 2022, 1, 3.
23 Dazu näher u. D. 5.
24 Gesetzentwurf der Bundesregierung über die unternehmerischen Sorgfaltspflichten in Lieferketten (19/28649) vom 19.04.2021, Gesetzesbegründung S. 47f.

(vgl. § 2 II u. III LkSG) und dessen Entstehung im Rahmen des gesetzlichen Verständnisses des mit dem Begriff der Lieferkette umschriebenen Wertschöpfungsprozesses (§ 2 V-VIII LkSG) bestimmt.

I. Rechtsgutsbezug

Der gesetzliche Schutzgüterkatalog des § 2 II u. III LkSG ähnelt mit seiner Formulierung als „Verbote der Beeinträchtigung" einer strafrechtlichen Tatbestandsformulierung. Damit erfasst sind unmittelbare Verletzungshandlungen, vor allem aber Risikolagen infolge unzureichender Schutzmaßnahmen. Kombiniert werden eigene aktive Verletzungshandlungen also mit einem Unterlassungstatbestand. Für die Praxis verbindet sich mit § 2 II u. III LkSG zunächst in weiten Teilen die nicht unerhebliche Herausforderung, die genannten Rechtsgüter als solche inhaltlich näher zu konkretisieren. Grund hierfür ist neben einer gewissen Unbestimmtheit die Neuartigkeit der vor allem im transnationalen Kontext zu sehenden Risiken. Letzteres betrifft insbesondere soziale Rechte, wie zum Beispiel auf Zahlung angemessenen Lohns (§ 2 II Nr. 7 u. 8 LkSG) und Begriffe, die letztlich erst in der Verwaltungs- und Rechtsprechungspraxis noch entwickelt werden müssen. So stellt sich exemplarisch etwa die Frage, ob das Verbot der Luftverunreinigung (§ 2 II Nr. 9 LkSG) auch CO_2 Emissionen umfasst und im Rahmen des Sorgfaltspflichtenprogramms zu Klimaschutzmaßnahmen bei Zulieferern veranlasst. Der europäische Richtlinienvorschlag hebt Klimaschutz als Unternehmenspflicht in Art. 15 CSDD eigens hervor. Orientiert man sich hieran, wäre die Frage im Umkehrschluss zu verneinen. Strukturell verweist der Richtlinienvorschlag ebenso wie das LkSG auf internationale Abkommen bzw. Deklarationen, allerdings besteht dabei keine vollständige Übereinstimmung.

Ein weiterer Grund für die sich aus dem Rechtsgüterkatalog ergebenden Herausforderungen besteht darin, dass die damit in weiten Teilen erklärte Bindung von Unternehmen an völkerrechtliche Abkommen nicht deren Wesen entspricht und Adressaten des Völkerrechts keine Privatrechtssubjekte sind (sondern Hoheitsträger).[25] Unabhängig von der Ermittlung des Bedeutungsgehalts der jeweiligen Tatbestandsmerkmale wird man sodann auch die in der Menschenrechtsdogmatik allenfalls andiskutierte Grundsatzfrage, inwieweit Unternehmen zum Schutz der in § 2 II u. III LkSG genannten Rechtspositionen in Anspruch (und für Verfehlungen mit erheb-

---

25 Näher zur konzeptionellen Machbarkeit im Beitrag von *Kaltenborn*, S. 13 ff

lichen Sanktionen belegt) genommen werden dürfen, wieder aufgreifen müssen. Etwas zu einfach erscheint es jedenfalls, dass die im LkSG genannten Schutzpflichten von den Gesetzesmaterialien als „im privaten wie im öffentlichen Interesse“ angeordnet bezeichnet werden.[26]

II. Gesetzliche Konkretisierungen

1. Lieferkette

a) Grunddefinition

Nach § 2 V 1 LkSG bezieht sich die „Lieferkette“ i.S.d. Gesetzes „auf alle Produkte und Dienstleistungen eines Unternehmens“. Weitgehend inhaltlich entsprechend wiederholt wird dies im Rahmen der Definition des eigenen Geschäftsbereichs, der nach Abs. 6 Satz 1 der Vorschrift „jede Tätigkeit (…) zur Erreichung des Unternehmensziels“ betrifft und wiederum „jede Tätigkeit zur Herstellung und Verwertung von Produkten und zur Erbringung von Dienstleistungen, unabhängig davon, ob sie an einem Standort im In- oder Ausland vorgenommen wird“ umfasst (§ 2 VI 2 LkSG). Dies beinhaltet nach der Legaldefinition des § 2 V 1 LkSG „alle Schritte im In- und Ausland, die zur Herstellung der Produkte und zur Erbringung der Dienstleistungen erforderlich sind, angefangen von der Gewinnung der Rohstoffe bis zu der Lieferung an den Endkunden“. Die Materialien merken dazu zunächst nur generisch an, die Herstellung eines Sachgutes enthalte typischerweise die Phasen der Beschaffung (etwa der Rohstoffgewinnung und des -erwerbs), der Produktion und des Vertriebs, erwähnen in der Folge aber auch Wiederverwertung und Entsorgung, wenn es sich hierbei um den Geschäftszweck des Unternehmens handelt.[27] Der Wertschöpfungsprozess als zentrales Regelungssujet ist damit alles andere als eindeutig umschrieben. Einerseits deutet sich an, dass die Sorgfaltspflichten gegenständlich den Zuliefererbereich betreffen. Bestätigt wird dies auch durch die Ausrichtung der Pflichtentatbestände der §§ 3 ff. LkSG, die augenscheinlich darauf, nicht aber auf die Absatzkette bezogen sind.

---

26 So aber Begr. RegE. BT-Drs. 19/28649, S. 42.

27 Begr. RegE. BT-Drs. 19/28649, S. 21 bzw. 22.

b) Upstream- und Downstreambetrachtung

Die Frage, ob der dem LkSG zugrunde liegende Wertschöpfungsgedanke nicht nur für eigene Beschaffungswege, sondern auch für weitere Produktions- bzw. Absatzprozesse (wie Veredelung und Vertrieb) gilt, also die sog. „Downstream-Lieferkette" oder sogar noch weitergehend den gesamten Lebenszyklus eines Produkts umfasst, ist von zentraler Bedeutung. Das Gesetz gibt hierauf keine eindeutige Antwort und die Materialien sind zumindest ambivalent. Anders als es der europäische Richtlinienvorschlag vorsieht,[28] lässt sich eine Lebenszyklusverantwortung wahrscheinlich ausschließen. Dafür spricht jedenfalls, dass die Regierungsbegründung den praktisch wichtigen Bereich nicht allgemein adressiert, sondern nur für den Fall, dass es sich hierbei „um den Geschäftszweck des Unternehmens" handelt. Das lässt sich mit einer allgemeinen Entsorgungsverantwortung des Herstellers schwerlich in Einklang bringen. Andererseits darf man die Bezugnahme der Gesetzesmaterialien auf den Vertrieb nicht außer Acht lassen. So ist davon die Rede, dieser sollte nur solche Aktivitäten erfassen, „die dafür sorgen, dass das Produkt seinen endgültigen Bestimmungsort erreicht". Beispielhaft genannt werden der Einsatz von Distributoren, die Einlagerung oder die Nutzung von Online-Plattformen.[29]

Mit der Formulierung „bis zur Lieferung an den Endkunden" in § 2 V LkSG ist ebenfalls davon auszugehen, dass die weitere Absatz- und Produktionskette grundsätzlich Gegenstand der Pflichten des Gesetzes sein kann. „Endkunde" lässt sich dabei allerdings auch so verstehen, dass es sich nicht um einen privaten oder geschäftsmäßigen Nutzer des Produkts oder der Dienstleistung handelt, sondern den Übergang zu einer weiteren Wertschöpfungs- bzw. Veredelungsstufe. Vertreten wird insoweit, dass die Verantwortung mit und nicht nach der Lieferung an den Abnehmer endet. Der Downstream-Bereich sei daher nicht erfasst.[30] Vor Augen halten muss man sich dabei, dass auch hochindustrialisierte und exportgeprägte Volkswirtschaften vielfach keine Endfertigung vornehmen, sondern lediglich Zwischen- oder Vorprodukte erzeugen, die ihrerseits zur weiteren Be- und Verarbeitung im In- und Ausland vorgesehen sind. Wenn beispielsweise Maschinenteile in Deutschland hergestellt werden, ist es nicht selten, dass diese im weiteren Produktionsprozess oder zur Endmontage wiederum exportiert werden. Da Zielort durchaus Länder mit geringeren Arbeitssicher-

28 Dazu noch sogleich u. c).
29 Begr. RegE BT-Drs. 19/28649, S. 40.
30 *Goßler/Palder*, BB 2022, 906 f., 910 f.

heits- und Sozialstandards sein können, ist die Erstreckung einer unternehmerischen Sorgfaltspflichtenregelung nicht vorn vornherein abwegig. Gleichzeitig kann mit „Endkunde“ i.S.d. § 2 V LkSG schon deswegen nicht der „Endnutzer“ gemeint sein. Dagegen spricht zum einen, dass die §§ 3 ff. LkSG, bei denen immer wieder von „Zulieferer“ die Rede ist, keine Bestimmungen zum „Empfänger“ oder „Abnehmer“ des Produkts/der Dienstleistung enthalten. Insbesondere und zum anderen erstreckt sich die mittelbare Lieferkettenverantwortung ausweislich von § 9 LkSG nur auf vorgelagerte Produktionsstufen, wie sich aus der dort ebenfalls verwendeten Bezugnahme auf den „Zulieferer“ ergibt. Da Absatzketten hin zum Endverbraucher nicht selten ebenfalls mehrere Veredelungsstufen beinhalten, kann man im Umkehrschluss folgern, dass die Absatzverantwortung im Grundsatz nur für den unmittelbaren Abnehmer gilt. Denn eine erweiterte Verantwortung in der Absatzrichtung im Vergleich zur Bezugsquelle erscheint widersprüchlich. Andererseits lässt sich vermuten, dass der Gesetzgeber die weiteren Folgen seines Anspruchs „bis zum Endkunden“ schlicht nicht bedacht hat.

c) Wertschöpfung vs. Lifecyclemanagement

Wie erwähnt bezieht der europäische Gesetzgeber ausweislich des Kommissionsvorschlags die Absatzkette ohne weiteres in das unternehmerische Pflichtenheft mit ein. So heißt es in Art. 3 (g) S. 1 CSDD „Value Chain means activities (...) of upstream and downstream established business relationsships of the company”. Dabei lässt er es allerdings nicht bewenden, sondern spricht ausdrücklich auch von der Entsorgung („disposal“). Das lässt sich einerseits als Lebenszyklusverantwortung deuten, andererseits auch auf Folgenbeseitigungsmaßnahmen im Zusammenhang mit Produktionsschritten verstehen. Dass hier ersteres gemeint ist, deutet Erwägungsgrund 18 des Vorschlags an. In diesem wird tatsächlich und ausdrücklich von „up to the end of life of the product“ gesprochen und dies noch durch Beispiele wie Zerlegung, Recycling oder Kompostierung unterlegt.[31] Die Erstreckung der Unternehmensverantwortung auf den gesamten Lebenszyklus entspricht augenscheinlich keiner vereinzelten rechtspolitischen Position, wie sich beispielhaft an dem jüngst vom Court of Appeal for England

---

31 Der dort ebenfalls genannte Aspekt „Landfilling“ ist hingegen ein typischer Folgenbeseitigungsaspekt von Rohstoffförderung und Produktion.

and Wales entschiedenen Fall in Sachen *Begum v Maran* zeigt.[32] Der Klage lagen Schadensersatzforderungen gegen eine britische Reederei zugrunde, die im Zusammenhang mit dem Abwracken von Schiffen in Bangladesh entstanden waren. Die gegenständliche Entsorgung wäre nach den Materialien zum LkSG zwar wahrscheinlich kein Teil der Lieferkette i.S.v. § 2 V LkSG, weil es sich dabei nicht um den Geschäftszweck des Unternehmens (Reederei), sondern nur eine mittelbare Folge von dessen Tätigkeit handelte. Das britische Gericht nahm ungeachtet dessen eine deliktische Sorgfaltspflicht an und gelangte auf dieser Grundlage zu Schadensersatzansprüchen der beim Abwracken verletzen Werftarbeiter. Für eine Einbeziehung des gesamten Lebenszykluses spricht auch, dass Produkte zur Vermeidung strenger Entsorgungsvorschriften offiziell als Gebrauchtwaren in Schwellenländer exportiert werden, dort allerdings nicht in den Handel gelangen, sondern verschrottet werden. Die Wertschöpfungsverantwortung wirkt in diesem Kontext wie eine Auffangregelung, mit der Umgehungen hoher rechtlicher Standards durch Verlagerung von Verwertungsmaßnahmen in solche mit niederschwelligeren Anforderungen umgangen werden.

d) Fehlende Konkurrenzregelung und mögliche Subsidiarität

Auffallend ist bei der Definition des Lieferkettenbegriffs nach § 2 V 1 LkSG das Fehlen einer Konkurrenz- bzw. Vorrangregel. Sofern tatsächlich „alle Schritte im Inland" Gegenstand der gesetzlichen Regelung sind, treten die vorgesehenen Sorgfaltspflichten potentiell neben den gesamten vorhandenen Normativbestand mit gleichgerichteten Zielsetzungen. Das betrifft nicht nur Arbeitsschutznormen und weite Teile des Umweltrechts, sondern auch des Wirtschaftsaufsichtsrechts. In einigen Fällen tritt der Überschneidungsgrad besonders deutlich zutage. Dazu gehört beispielhaft das während der Corona-Pandemie anlässlich der Infektionsherde in der Fleischindustrie geschaffene Arbeitsschutzkontrollgesetz.[33] Nicht anders verhält es sich in Bezug auf für Lieferketten bereits bestehende Spezialregelungen. Zu denken hat man hier nicht nur an die EU-Konfliktmineralienverordnung[34] und die EU-Verordnung zur Umsetzung des Kimberley-Prozesses[35] für den Handel mit Rohdiamanten, sondern auch an die EU-Holz-

32 [2021] EWCA, Civ 326.
33 BGBl. I 2020, Nr. 67.
34 Verordnung (EU) 2017/821 vom 17.5.2017, Abl. L 130/1.
35 Verordnung (EU) 2368/2002 vom 20.12.2002, Abl. L 358/28.

verordnung[36] oder die in Umsetzung der EU-Richtlinie über unlautere Handelspraktiken in den Geschäftsbeziehungen zwischen Unternehmen in der Agrar- und Lebensmittelversorgungskette (zwischenzeitlich umgesetzt im AgrarOlKG).[37] Zur Vermeidung von unterschiedlichen Pflichtenlagen sowie aus Gründen der Normenhierarchie wird man von einem generellen Vorrang spezifisch geregelter Herstellungsprozesse bzw. Produkte ausgehen müssen. In Erwägung ziehen können wird man eine Geltung des LkSG daher wiederum allenfalls als Auffangregelung. Ohne eine dahingehende Bestimmung besteht allerdings erhebliche Rechtsunsicherheit. Problematisch ist weiter, dass die vom LkSG betroffenen Unternehmen neben der dortigen Berichtspflicht (§ 10 II LkSG) zu einem nicht geringen Teil auch den CSR-Berichtspflichten (§§ 289b ff. HGB) unterliegen. Eine Abstimmung der Berichtsregeln hat es nicht gegeben, so dass u.U. nicht nur doppelte, sondern zudem noch widersprechende Anforderungen drohen.

e) Dienstleistungen

Ob die nach dem Wortlaut von § 2 V 1 LkSG zum Ausdruck kommende vorbehaltlose Geltung des Gesetzes für Dienstleistungen („alle Dienstleistungen eines Unternehmens") tatsächlich greift, bedarf ebenfalls weiterer Überlegungen. Der Regierungsbegründung lässt sich jedenfalls entnehmen, dass diese im Zusammenhang mit Herstellungsprozessen stehen müssen („Dienstleistungen, die notwendig für die Produktherstellung (sind)"). Sie nennt dafür als Beispiele Transport oder Zwischenlagerung.[38] Ob daraus eine nennenswerte Einschränkung folgt, erscheint fraglich, weil nahezu alle unternehmensbezogenen Dienstleistungen im Zusammenhang mit Produktionsprozessen bzw. anderen Dienstleistungen stehen und insoweit „notwendig" sind. „Notwendig" kann zudem nicht mit „für die Produktion unverzichtbar" gleichgesetzt werden. Deswegen wird teilweise vorgeschlagen, rechtlich selbstständige kaufmännische Hilfspersonen, insbesondere Vertriebsvermittler wie Vertragshändlern und Distributoren nicht im „eigenen Geschäftsbereich" des Adressaten (§ 2 V 1 LkSG)

36 Verordnung (EU) 995/2010 vom 20.10.2010, Abl. L 295/23, zu beachten sind in dem Kontext auch der Verordnungsvorschlag der EU-Kommission über entwaldungsfreie Lieferketten vom 17.11.2021, COM (2021) 706 final (vgl. dazu *Rutloff/Wagner/Hahn*, CB 2022, 64 ff.) sowie die vorgeschlagene Richtlinie über den strafrechtlichen Schutz der Umwelt vom 15.12.2021, COM (2021) 851 final.

37 Richtlinie (EU) 2019/633 vom 17.4.2019, Abl. L 111/59; BGBl. I 2021, 4036.

38 Begr. RegE. BT-Drs. 19/28649, S. 21.

zu verorten.[39] Angesichts der vielfach bestehenden Abhängigkeit solcher Beteiligter und den Anpassungen an das Handelsvertreterrecht erscheint das indessen fraglich.

Erfasst von den Lieferkettensorgfaltspflichten ist nach Vorstellung des RegE. sodann namentlich „jede Form von Finanzdienstleistungen." Dies dürfte neben der dort ausdrücklich erwähnten Kreditvergabe insbesondere den Zahlungsverkehr betreffen.[40] Damit wird es aus Sicht der Finanzindustrie aber vermutlich nicht sein Bewenden haben. So führt die RegEBegr. zwar zunächst aus, dass Kreditinstitute und Finanzdienstleister „nach diesem Gesetz" keine Sorgfaltspflichten über den Kreditnehmer oder das Anlageobjekt hinaus treffen (also gegenüber diesen selber schon). Bei Versicherungen ist wiederum davon die Rede, die Anlage von Vermögenswerten sei „nicht Bestandteil der Lieferkette, aufgrund derer das Unternehmen seine Dienstleistung erbringt". Augenscheinlich soll das bei solchen Tätigkeiten, die „so bedeutend sind, dass mit ihnen typischer (Weise) besondere Informations- und Kontrollmöglichkeiten einhergehen" aber anders sein und rechtfertigen, „den Endkunden in die Lieferkette einzubeziehen". Dazu wird exemplarisch in der RegEBegr. auf Großkredite i.S.d. Art. 392 VO (EU) 575/2013 verwiesen. Weshalb es nur um den Endkunden und nicht um die vorgelagerte Lieferkette oder nachfolgende Produktionsstufen geht, kann dem nicht entnommen werden. Ausdrücklich ausgenommen wird die Vermittlung von Finanzdienstleistungen.

Die genannten Überlegungen der Materialien vertragen sich wenig mit den bestehenden internationalen Rahmenwerken (an denen sich das LkSG erklärtermaßen orientiert).[41] Zu beachten sind dabei insbesondere die OECD Guidelines for Multinational Enterprises, die noch durch weitere Verlautbarungen ergänzt werden und die eine deutlich weiterreichende Einbeziehung der Finanzwirtschaft in internationale Wertschöpfungsprozesse vorsehen.[42]

---

39 *Goßler/Palder*, BB 2022, 906, 909 f.

40 Begr. RegE. BT-Drs. 19/28649, S. 22.

41 Begr. RegE. BT-Drs. 19/28649, S. 61.

42 Dazu gehören insbesondere die Key Considerations for Responsible Corporate Lending and Underwriting und das Dokument Scope and Application of Business Relationships in the Financial Sector (näher dazu *Nietsch*, in ders. (Hrsg.) CSR Compliance, S. 406 ff.; *Spießhofer*, Unternehmerische Verantwortung, S. 187, 189 f.).

f) Mittelbar an Wertschöpfungsprozessen beteiligte Faktoren

Ausgehend vom Normalfall beziehen sich unternehmerische Sorgfaltspflichten in Wertschöpfungsprozessen auf die dabei verwendeten Vorprodukte bzw. (wenn man die Absatzkette erfasst sieht) die weiteren Produktionsbedingungen. Wenig überraschend sollen mittelbare Faktoren, wie z.B. das bei Herstellungsmaßnahmen genutzte Mobiliar, die Verpflegung in der Kantine usw. nicht in den Kanon der §§ 4 ff. LkSG gehören.[43] Auf den ersten Blick leuchtet das ein. Bei näherer Betrachtung stellen sich aber Zweifel ein, weswegen man eine derartige Beschränkung vornehmen soll, ob eine sachgerechte Differenzierung möglich ist und worin deren Kriterien bestehen sollen. Zur Kenntnis zu nehmen hat man zunächst, dass dem LkSG keine dahingehende Begrenzung zu entnehmen ist. „Erforderlich" i.S.d. § 2 V LkSG sind sowohl verarbeitete Stoffe wie mittelbar dabei verwendete Sachmittel. Die Begründung will das allerdings wohl verengen auf das, was nicht hinweggedacht werden kann, weswegen sich möglicherweise in der Tat die Notwendigkeit einer Differenzierung ergibt. Beim Bezug von Produktions- und Dienstleistungsfaktoren wie Maschinen, Fuhrpark usw. lässt sich eine Geltung des Gesetzes daher wohl nicht ausschließen. Bei der Auswahl der Zutaten für Kaffee und Kuchen, die es in der Kantine gibt, hingegen schon.[44]

2. *Eigener Geschäftsbereich*

a) Rechtsformneutraler Ansatz

Der Begriff des eigenen Geschäftsbereichs (§ 2 VI 2 LkSG) dient in seiner aufgrund der Beschlussempfehlung vorgenommenen Fassung zum einen der Klarstellung, dass das LkSG einen rechtsformneutralen Ansatz verfolgt. Vermieden werden soll durch die Streichung des ursprünglich darin enthaltenen Wortes „Gesellschaft" insbesondere der Eindruck, wonach nur rechtsfähige Verbände davon adressiert seien.[45] Zum anderen gehört dazu, dass die Sorgfaltspflichten unabhängig davon gelten, ob die relevanten Wertschöpfungsbeiträge am Sitz des Unternehmensträgers, einer Zweig-

---

43 *Gehling/Ott/Lüneborg,* CCZ 2021, 231, 233.
44 So auch schon *Nietsch/Wiedmann,* NJW 2022, 1, 4.
45 Vgl. Beschlussempfehlung BT-Drs. 19/30505, S. 36.

niederlassung, Zweigstelle oder Produktionsstätte erbracht werden.[46] Die praktische Bedeutung dieser Klarstellung dürfte sich für erwerbswirtschaftliche Verbände der Privatwirtschaft in Grenzen halten,[47] da Personenhandelsgesellschaften ohnehin als rechtsfähig gelten (§ 124 HGB bzw. für die GdbR als Außengesellschaft demnächst § 705 II BGB n.F.) und Einzelkaufleute die Schwellenwerte des § 1 LkSG nur sehr selten erreichen werden.

b) Auswirkungen auf öffentliche Unternehmen

Ganz anders verhält es sich mit den Auswirkungen auf öffentlich-rechtliche Unternehmen. Nimmt man den rechtsformneutralen Ansatz ernst, können Stiftungen und Anstalten des öffentlichen Rechts, wie z.B. der öffentlich-rechtliche Rundfunk, Landesbanken, Kreditinstitute und nicht zuletzt Universitäten unter den formalen Voraussetzungen des § 1 LkSG ohne weiteres Adressaten des LkSG sein. Die Materialien sprechen zwar davon, dass „Juristische Personen des öffentlichen Rechts, die Verwaltungsaufgaben einer Gebietskörperschaft wahrnehmen" nicht unter § 1 LkSG fallen, „soweit sie nicht am Markt unternehmerisch tätig sind".[48] Das fordert indessen in zweierlei Hinsicht konzeptionellen Widerspruch heraus. Erstens orientiert sich die Einteilung aus Sicht des öffentlichen Rechts nicht daran, ob eine „Juristische Person" vorliegt, sondern eine öffentlich-rechtliche Körperschaft. Zweitens erfolgt die – wiederum der Rechtsformneutralität verpflichtete – Definition des Geschäftsbereichs § 2 VI 1 LkSG einschränkungslos. Dies entspricht dem sog. funktional-teleologischen Verständnis des Unternehmensbegriffs, wie er auch den Vorstellungen der vom LkSG als Referenz genutzten Rahmenwerken, allen voran den UNGP und den OECD Guidelines, zugrunde liegt.[49] Abgesehen davon ist das von der RegEBegr. genannte unternehmerische Tätigwerden, das „nicht am Markt" erfolgt, ein Widerspruch in sich und daher nicht geeignet, Ausnahmen für die öffentliche Hand zu begründen. Letztlich wird man diese da-

---

46 Begr. RegE. BT-Drs. 19/28649, S. 22.

47 Von großer praktischer Bedeutung für privatrechtliche Unternehmensträger ist dagegen die Festlegung des „eigenen Geschäftsbereichs" für verbundene Unternehmen nach § 2 VI 2 LkSG (dazu noch u. D. II. 1).

48 Gesetzentwurf der Bundesregierung über die unternehmerischen Sorgfaltspflichten in Lieferketten (19/28649, BT-Drs. vom 19.04.2021, Gesetzesbegründung S. 13.

49 *Spießhofer,* Unternehmerische Verantwortung, S. 460, 467 ff.; insbesondere zur Einbeziehung des Fiskus a.a.O. 474.

her zumindest bei wirtschaftlicher Ausrichtung (in Abgrenzung zur reinen Verwaltungstätigkeit) generell in den Anwendungsbereich des Gesetzes miteinzubeziehen haben. Auf ein Konkurrenzverhältnis bzw. das Vorhandensein von privaten Wettbewerbern (wie z.B. beim öffentlich-rechtlichen Rundfunk) kommt es ebenfalls nicht an. Die Folgen dieses Befunds müssen weiter ausgearbeitet werden. Dazu gehört etwa, ob und wie man bei Kommunalkonzernen die nach § 1 III LkSG geforderte konsolidierte Betrachtung der Beschäftigtenzahlen vorzunehmen hat, also eine Einbeziehung des öffentlich-rechtlichen Trägers als herrschendem Unternehmen erfolgen muss.

c) Non Profit-Sektor

Die dem LkSG zugrunde liegenden Rahmenwerke nehmen im Rahmen des Unternehmensbegriffs keine Beschränkung auf erwerbswirtschaftliche Betätigung vor. Dem entspricht die von § 2 VI 1 LkSG gemachte Anknüpfung an „alle Produkte und Dienstleistungen“ nach Absatz 5 der Vorschrift. Das führt zu der Konsequenz, dass Verbände und der Non Profit-Sektor u.U. prinzipiell ebenfalls als Unternehmen in den Anwendungsbereich des LkSG fallen. Selbst eine Einbeziehung der Kirchen und ihrer Hilfsorganisationen wird man in Betracht zu ziehen haben.[50] Gedanken machen müssen wird man sich aber auch beim ADAC und dem DFB.

3. *Unmittelbare und mittelbare Lieferkettenverantwortung*

a) Grundsätze

Die Reichweite der Sorgfaltspflichten über die einzelnen Stufen der Lieferkette gehörte in der dem LkSG vorausgegangenen rechtspolitischen Debatte neben der zivilrechtlichen Haftung zu den größten Kontroversen. Das LkSG hat sich für eine Differenzierung zwischen unmittelbaren und mittelbaren Zulieferern entschieden und bezieht im Grundsatz nur die Ersteren in das Pflichtenheft der §§ 3 ff. LkSG mit ein. Unmittelbarer Zulieferer ist nach § 2 VI LkSG „ein Partner eines Vertrages über die Lieferung von Waren oder die Erbringung von Dienstleistungen, dessen Zuliefererliefe-

50 Zur Sozialverantwortung der katholischen Kirche als „Unternehmen“ bereits *Spießhofer*, Unternehmerische Verantwortung, S. 476 ff.

rungen für die Herstellung des Produktes des Unternehmens oder zur Erbringung und Inanspruchnahme der betreffenden Dienstleistung notwendig sind." Mittelbarer Zulieferer ist nach Abs. 8 der Vorschrift „jedes Unternehmen, das kein unmittelbarer Zulieferer ist" und dessen Zulieferungen für die Herstellung des Produktes in gleicher Weise notwendig sind. Das LkSG nimmt damit eine Einteilung in Risikosphären vor, die von Überlegungen der Zurechenbarkeit sowie Transparenz und Einflussnahmemöglichkeit geprägt sind. In vertraglichen Lieferketten erstreckten sich die gesetzlichen Pflichten der §§ 3 ff. LkSG lediglich unter den Voraussetzungen § 9 LkSG auch auf vorgelagerte Teile der Lieferkette.

Abgewichen wird vom Prinzip der lediglich unmittelbaren Verantwortung allerdings ebenfalls schon im Grundsatz für verbundene Unternehmen (§ 2 VI 3 LkSG). Sowohl bei der unmittelbaren wie bei der mittelbaren Wertschöpfungsbeziehung kommt es für das Sorgfaltspflichtenprogramm unabhängig von der Zugehörigkeit zu einer Unternehmensgruppe bzw. der oben genannten Unterscheidung sodann stets darauf an, ob das Unternehmen die relevanten Risiken oder Rechtsgüterverletzungen selbst verursacht oder dazu beigetragen hat (§ 4 II LkSG).

b) Mittelbare Verantwortung

Die Unternehmen sind nicht nur verpflichtet, ihr Risikomanagement (§ 4 LkSG) auf unmittelbare Zulieferer (§ 2 Abs. 7 LkSG) auszurichten, sondern sie müssen dies, falls die Voraussetzungen des § 9 Abs. 3 LkSG vorliegen, auch bei mittelbaren Lieferanten tun (§ 9 Abs. 2 LkSG).

Die Zahl der mittelbaren Zulieferer kann bei großen Unternehmen sehr schnell sechs- bis sogar siebenstellig werden.[51] Da kein Unternehmen die Verletzung einer menschenrechts- oder umweltbezogenen Pflicht bei so vielen mittelbaren Zulieferern effektiv überwachen kann, verlangt das Gesetz eine Anpassung des Risikomanagements (§ 4 LkSG) nur dann, wenn das Unternehmen substantiierte Kenntnis von solchen Verletzungen hat. Dem Unternehmen müssen tatsächliche Anhaltspunkte vorliegen, die eine solche Verletzung möglich erscheinen lassen (§ 9 Abs. 3 LkSG). Das Unternehmen hat substantiierte Kenntnis, wenn ihm überprüfbare und ernst zu

---

51 Vgl. u.a. die Ausführungen von Alexander Gunkel, Bundesvereinigung der Deutschen Industrie e.V., im Rahmen der öffentlichen Anhörung zum Entwurf eines Gesetzes über die unternehmerischen Sorgfaltspflichten in Lieferketten am 17.05.2021, Wortprotokoll S. 26, abrufbar unter https://www.bundestag.de.

nehmende Informationen über Verletzungen bei mittelbaren Zulieferern vorliegen. Dazu sollen auch Informationen über Risiken in bestimmten Regionen zählen, in denen das Unternehmen oder seine mittelbare Zulieferer tätig sind.[52] Solche Informationen kann das Unternehmen über das Beschwerdeverfahren (§ 8 LkSG) oder mittels eigener Erkenntnis oder über die zuständige Behörde (§ 19 LkSG) erlangen. Ein aktives Monitoring der Medien wird dagegen nicht gefordert. Dies wäre aufgrund der besagten Unzahl von in der Regel namentlich nicht bekannten und zumeist im Ausland ansässigen Vorlieferanten auch objektiv nicht möglich. Damit würde auch die Unterscheidung zwischen unmittelbaren und mittelbaren Zulieferern aufgehoben.[53] Eine Pflicht zum aktiven Monitoring könnte sich jedoch dann ergeben, wenn das Unternehmen im Rahmen seiner Risikoanalyse auch mittelbare Zulieferer mit hohem Risiko identifiziert hat.[54] Ebenso dürfte ein Unternehmen faktenbasierte Anfragen von NGOs[55] zu möglichen Verletzungen oder potentiellen Risiken zukünftig nicht unbearbeitet lassen.[56]

Eine Notwendigkeit zur Einbeziehung mittelbarer Zulieferer in das Risikomanagement besteht ferner, wenn der unmittelbare Zulieferer, ohne eigene Wirtschaftstätigkeit, lediglich zwischengestaltet wurde, um die Anforderungen an die Sorgfaltspflichten in Hinblick auf den unmittelbaren Zulieferer zu umgehen (vgl. zur missbräuchlichen Gestaltung der Lieferbeziehung § 5 I 2 LkSG).[57]

---

52 Gesetzentwurf der Bundesregierung über die unternehmerischen Sorgfaltspflichten in Lieferketten (19/28649, BT-Drs. vom 19.04.2021, Gesetzesbegründung S. 50.

53 Ehmann/Berg, das Lieferkettensorgfaltspflichtengesetz: ein erster Überblick, GWR, 2021, 287, 290.

54 Ebenso die Ausführungen von Markus Löning im Rahmen der öffentlichen Anhörung zum Entwurf eines Gesetzes über die unternehmerischen Sorgfaltspflichten in Lieferketten am 17.05.2021, Wortprotokoll S. 21, abrufbar unter https://www.bundestag.de.

55 Vgl. Company Response Mechanism Business & Human Rights Resource Centre, abrufbar unter https://www.business-humanrights.org.

56 Ebenso Seibt/Vesper-Gräske, CB 2021, 357, 360.

57 Gesetzentwurf der Bundesregierung über die unternehmerischen Sorgfaltspflichten in Lieferketten (19/28649, BT-Drs. vom 19.04.2021, Gesetzesbegründung S. 44f.

D. *Unternehmensgruppe*

Der RegE. zum LkSG enthielt noch keine Regelung zur Anwendung des Sorgfaltspflichtenprogramms der §§ 3 ff. LkSG auf und innerhalb von Unternehmensgruppen. Gedanklicher Ausgangspunkt der ursprünglichen Konzeption waren augenscheinlich lediglich die vertraglichen Wertschöpfungsketten.[58] Die Gesetz gewordene Fassung sieht hingegen in § 2 VI 3 LkSG vor: „In verbundenen Unternehmen zählt zum eigenen Geschäftsbereich der Obergesellschaft eine konzernangehörige Gesellschaft, wenn die Obergesellschaft auf die konzernangehörige Gesellschaft einen bestimmenden Einfluss ausübt“. Daraus ergeben sich rechtsträgerübergreifende Sorgfaltspflichten, wenn die beteiligten Gesellschaften in einem durch die Vorschrift beschriebenen Über-/Unter- bzw. Abhängigkeitsverhältnis zueinander stehen.

I. *Verbundene Unternehmen oder Konzern?*

Der Wortlaut der Vorschrift des § 2 VI 3 LkSG ist – ebenso wie § 1 III LkSG – mehrdeutig, weil mit dem Begriff der verbundenen Unternehmen und dem der Konzernzugehörigkeit zwei sich nur teilweise überschneidende Tatbestände beschrieben werden. Nach § 15 AktG sind verbundene Unternehmen rechtlich selbstständige Unternehmen, die im Verhältnis zueinander in Mehrheitsbesitz stehenden Unternehmen und mit Mehrheit beteiligte Unternehmen (§ 16 AktG), abhängige und herrschende Unternehmen (§ 17 AktG), Konzernunternehmen (§ 18 AktG), wechselseitig beteiligte Unternehmen (§ 19 AktG) oder Vertragsteile eines Unternehmensvertrags (§§ 291, 292 AktG). Der Wortlaut von § 2 VI 3 LkSG knüpft damit an einen aktienrechtlichen Oberbegriff zu verschiedenen Formen der Unternehmensgruppe an. Aus der nachfolgenden Bezugnahme auf Obergesellschaft und konzernangehöriger Gesellschaft ergibt sich jedoch, dass ein einheitlicher Geschäftsbereich i.S.d. LkSG lediglich für Konzerne (§ 18 AktG) gewollt ist, Sorgfaltspflichten für das herrschende Unternehmen also insbesondere nicht schon bei reiner Abhängigkeit (§ 17 AktG) entstehen. Das folgt nicht nur aus dem Umstand, dass die Obergesellschaft einen bestimmenden Einfluss „ausübt“, die bloße Möglichkeit hierzu also nicht ausreicht. Die genannte Einschätzung bestätigt sich auch in den Gesetzesmaterialien, die eine „hohe Mehrheitsbeteiligung an der Tochtergesell-

58 Vgl. noch *Nietsch/Wiedmann*, CCZ 2021, 101, 103 f.

schaft“ neben anderen Umständen lediglich als Indiz für den bestimmenden Einfluss verstehen, diese aber für sich alleine zur Ausdehnung des Sorgfaltspflichtenprogramms der §§ 3 ff. LkSG über die juristische Person hinaus nicht ausreichen lassen.[59] Der in § 1 III LkSG enthaltene Verweis auf § 15 AktG führt zu keiner anderen Bewertung, da hier ebenfalls auf „Konzern“ und „Obergesellschaft“ abgestellt wird.

II. Bestimmender Einfluss als wesentliches Kriterium

1. Tatsächliche Ausübung

Der von § 2 VI 3 LkSG verwendete Begriff des bestimmenden Einflusses lässt sich zumindest im Ausgangspunkt als Ausdruck des im Rahmen der unternehmerischen Menschenrechtsverantwortung diskutierten Prinzips der wirtschaftlichen Einheit verstehen.[60] Bekannt ist das Konzept vor allem aus dem europäischen Kartellrecht, findet mit der gesamtumsatzabhängigen Geldbuße (vgl. etwa Art. 83 II u. III DSGVO, § 120 XVII u. XVIII Nr. 2 WpHG) im Verbandssanktionenrecht allerdings zunehmend allgemeine Verbreitung. Die Sanktionsbemessung des § 24 III 2 LkSG knüpft ebenfalls ausdrücklich an den Begriff der wirtschaftlichen Einheit an.

Die im vorliegenden Zusammenhang auftauchende Frage, ob für eine Verantwortlichkeit seitens des herrschenden Unternehmens tatsächlich Einfluss ausgeübt werden muss oder ob hierfür lediglich die gesellschaftsrechtlich vermittelte Befugnis (i.S.e. Möglichkeit) ausreicht, entscheidet das Gesetz seinem Wortlaut nach im ersteren Sinne („ausübt“). Der Umstand, dass nach der Beschlussempfehlung im parlamentarischen Verfahren in diesem Zusammenhang u.a. auf eine Rechtskonstellation, die auf „die Möglichkeit der Einflussnahme angelegt ist“ zu achten ist, stellt das nicht in Frage, weil im Kontext mehrfach zum Ausdruck gebracht wird, dass es um die Beurteilung geht, ob ein bestimmender Einfluss (tatsächlich) „vorliegt“.[61]

---

59 Vgl. Beschlussempfehlung BT-Drs. 19/30505, S. 37.

60 Eingehend *Nietsch,* in ders. (Hrsg.) CSR Compliance, S. 175, *Passarge*, CB 2021, 332. ff.

61 Beschlussempfehlung BT-Drs. 19/30505, S. 37.

2. *Weiter Konzernbegriff*

Auf der anderen Seite verlangt die gesetzliche Regelung für die Ausübung bestimmenden Einflusses kein operatives Zusammenwirken der beteiligten Rechtsträger i.S.d. früher im Gesellschaftsrecht herrschenden engen Konzernbegriffs.[62] Die Materialien sprechen vielmehr davon, dass „alle erheblichen Gesichtspunkte in einer Gesamtwürdigung zu würdigen sind".[63] Bezug genommen wird dabei auf „alle wirtschaftlichen, personellen, organisatorischen und rechtlichen Bindungen zwischen Tochter- und Muttergesellschaft". Anhaltspunkte für eine bestimmende Einflussnahme können danach explizit eine hohe Mehrheitsbeteiligung, das Bestehen eines konzernweiten Compliance-Systems, die Übernahme von Verantwortung für die Steuerung von Kernprozessen im Tochterunternehmen, personelle Überschneidungen in der Geschäfts- bzw. Führungsebene, ein bestimmender Einfluss auf das Lieferkettenmanagement der Tochtergesellschaft, die Einflussnahme über die Gesellschafterversammlung sowie übereinstimmende Geschäftsbereiche der Gesellschaften (zum Beispiel durch Herstellung oder Verwertung übereinstimmender Produkte oder Erbringung gleicher Dienstleistungen) sein.[64] Damit werden für die Zugehörigkeit zum eigenen Geschäftsbereich i.S.d. § 2 V u. VI LkSG allerdings immer noch höhere Anforderungen formuliert als für den heute im Gesellschaftsrecht herrschenden – und vor allem durch die Konzernmitbestimmung geprägten – weiten Konzernbegriff. Denn zum einen genügt es nicht, dass lediglich ein wesentlicher Bereich unternehmerischer Tätigkeit Gegenstand der einheitlichen Leitung ist,[65] und zum anderen sind die genannten Kriterien jedenfalls zum Teil lieferkettenspezifisch sowie der erwähnten Notwendigkeit einer Gesamtwürdigung unterworfen.

---

62 Der enge Konzernbegriff verlangt eine auf das Gesamtinteresse der verbundenen Unternehmen ausgerichtete Zielkonzeption für nahezu alle zentralen unternehmerischen Bereiche, also letztlich eine betriebswirtschaftlich arbeitsteilige Organisation (Vgl. *Lutter*, ZGR 1987, 324; dazu noch *Hüffer/Koch*, AktG, 15. Aufl., § 18 Rn. 9).

63 Vgl. Beschlussempfehlung BT-Drs. 19/30505, S. 37.

64 BT-Drs. 19/30505, S. 37.

65 LAG Düsseldorf, Konzern 2010, 632, 637, BAG AG 2012, 632; *Hüffer/Koch*, AktG, 15. Aufl., § 18 Rn. 9.)

3. *Weitergehendes Verständnis der wirtschaftlichen Einheit?*

Die von § 2 VI 3 LkSG formulierten Anforderungen an die Konzernverantwortung des herrschenden Unternehmens unterscheiden sich von Vorstellungen des Konzepts der wirtschaftlichen Einheit, wie sie im vorliegenden Zusammenhang teilweise an anderer Stelle bestehen. Konkret will man hier zu einer Betrachtung gelangen, die unter Vernachlässigung des Prinzips der Selbstähnlichkeit der juristischen Person generell zu einer kollektiven Verantwortung der Unternehmensgruppe tendiert.[66] Die damit verbundenen Überlegungen verdienen wiederum Beachtung, weil sie bei der Anwendung der Hauptrahmenwerke, insbesondere der OECD-Prinzipien teilweise ihren Niederschlag finden. Das zeigt sich beispielhaft bei ihrer Anwendung auf Beteiligungsgesellschaften, die sogar bei einer Minderheitsbeteiligung wegen ihrer unmittelbaren Verbindung zum Verursacher (Kriterium des „directly linked") von den nationalen Kontaktstellen als Adressaten angesehen werden.[67] § 2 VI 3 LkSG bleibt hinter diesen rechtspolitischen Soft Law-Ansätzen zurück und schafft so eine gewisse Rechtssicherheit. Die Vorschrift bedeutet auch keine (als solche nicht anzuerkennende) Konzernleitungspflicht der Muttergesellschaft, sondern ist Folge und Konkretisierung der Leitungsmacht. Eine Diskrepanz besteht allerdings nicht nur in Hinblick auf die vorstehend umschriebene Enterprise-Doktrin, sondern auch zu der sich in der Rechtsprechung der englischen Gerichte andeutenden Tendenz einer weiten internationalen Konzernhaftung für Schadensfälle in Lieferketten.[68]

4. *LkSG-Pflichtenstellung im Konzern*

Die Erfüllung der Sorgfaltspflichten nach §§ 3 ff. LkSG ist unter den Voraussetzungen des § 2 VI 3 LkSG zwar im Grundsatz bei der Muttergesellschaft angelegt. Dem Gesetz ist aber weder zu entnehmen, dass eine mehrfache Pflichtenstellung besteht (zum Beispiel, wenn das abhängige Unter-

---

66 Umfassend *Spießhofer,* Unternehmerische Verantwortung, S. 467 ff.; näher auch *Nietsch,* in ders. (Hrsg.) CSR Compliance, S. 174 f.

67 *Spießhofer,* Unternehmerische Verantwortung, S. 192; ferner *Nietsch,* in ders. (Hrsg.) CSR Compliance, S. 175 f.

68 Dazu insbes. UK Supreme Court v. 21.2.2021 [2021] UKSC 3 – *Okpabi;* dazu *Späth/Werner,* CCZ 2021, 241 ff.; Überblick zur Rechtssprechungsentwicklung einschl. teils abw. Tendenzen bei *Nietsch,* in ders. (Hrsg.) CSR Compliance, S. 176 f.

nehmen selbst die maßgeblichen Schwellenwerte nach § 1 LkSG überschreitet). Noch weniger geht daraus hervor, ob zwingend die Muttergesellschaft Adressatin der Pflichten nach dem LkSG ist. Hintergrund dieser Frage ist insbesondere die Kritik an der französischen Regelung des Loi de Vigilance, nach welcher der Sorgfaltsplan stets durch die Konzernmutter zu errichten und zu überwachen ist. Dies erweist sich – je nach Ausgestaltung – teilweise als schwer praktikabel und ineffizient. Das Problem wiegt dort umso schwerer, weil die Adressatenstellung der gesetzlichen Regelung allein auf Schwellenwerten beruht. Wenn man hingegen, wie nach § 2 VI 3 LkSG, auf den bestimmenden Einfluss abstellt, erscheint es nicht ausgeschlossen, alle diejenigen Rechtsträger in einer möglichen Pflichtenstellung zu sehen, von denen entsprechende Einwirkungen ausgehen. Verstärkt wird diese Einschätzung dadurch, dass die Norm nicht vom eigenen Geschäftsbereich der Muttergesellschaft, sondern dem der Obergesellschaft spricht. Die Adressatenstellung müsste damit einflussabhängig bestimmt werden und kann bei mehreren Konzerngesellschaften bestehen. Andererseits sollte man nicht verkennen, dass nach den allgemeinen Grundsätzen des gesellschaftsrechtlichen Organisationsermessens zugleich eine Delegation der mit dem LkSG verbundenen Pflichten im Konzern erfolgen können sollte. Zudem hat man zur Kenntnis zu nehmen, dass das Loi de Vigilance der Muttergesellschaft zentral die Verantwortung zuweist.

5. *Europäische Konzeption nach dem CSDD-Vorschlag*

a) Anwendungsbereichsregelung: Einzelrechtsträgerprinzip

Wie bereits erwähnt, gilt die Richtlinie nach Art. 2 I 1a) für Unternehmen mit einer durchschnittlichen Beschäftigtenzahl[69] von mehr als 500[70] und einem weltweiten Nettoumsatz[71] von über 150 Mio. €, jeweils bezogen auf

---

69 Teilzeitbeschäftigte werden gemäß Artikel 2 Abs. 3 der RL in Vollzeitäquivalente berechnet; zu diesen werden auch Zeitarbeiter gerechnet. Die Zurechnung von entsandten Beschäftigten richtet sich nach der Dauer der Entsendung, vgl. ErwGrd. (21).

70 § 1 I Nr. 2 LkSG fordert mindestens 3.000 inländische Arbeitnehmer ab dem 01.01.2023 bzw. 1.000 ab 01.01.2024, vgl. auch Nietsch/Wiedmann, NJW 2022, S. 1ff.

71 Art. 3m) i) definiert „Nettoumsatzerlöse" unter Verweis auf Art. 2 (5) der Richtlinie EU 2013/34, Abl. 2013 L, Nr. 182/19 wie folgt: „die Beträge, die sich aus dem Verkauf von Produkten und der Erbringung von Dienstleistungen nach Abzug

das Vorjahr.[72] Bei Hochrisikosektoren genügt ein Jahresumsatz von 40 Mio. €, wenn davon 50 % in einer der von Art. 2 b) CSDD genannten Branchen erzielt werden.[73] Die notwendige Mitarbeiterzahl beträgt dann auch nur 250. Eine konsolidierte Betrachtung ordnet der Richtlinienvorschlag – anders als § 1 III LkSG – nicht an. Der Normtext spricht auch nicht von Unternehmen (Enterprise oder Undertaking), sondern von „Company“. Art. 3 a) i) u. ii) CSDD verweisen dazu auf den Annex I der Bilanzrichtlinie (2013/34/EU). Im Lichte der dort genannten Rechtsformen gilt also das Einzelrechtsträgerprinzip. In dessen Konsequenz können alle selbstständigen Rechtsträger, welche die geforderten Schwellenwerte erreichen, Träger der vorgesehenen Sorgfaltspflichten sein, im Konzern also mehrere Teile als Adressaten angesprochen sein.

b) Konzern als Gegenstand der Pflichtenregelung

Konzerne werden in der CSDD zwar nicht ausdrücklich erwähnt. Der Richtlinienvorschlag definiert in Art. 3 d) allerdings „Tochterunternehmen“, und zwar als „eine juristische Person, über die die Tätigkeit eines „kontrollierten Unternehmens“ im Sinne von Artikel 2 Absatz 1 Buchstabe f der Richtlinie 2004/109/EG des Europäischen Parlaments und des Rates ausgeübt wird.“ Ob das dem Konzept des „bestimmenden Einfluss“ (§ 2 V 2 LkSG) entspricht, muss sich zeigen. Bei der Einbeziehung kontrollierter Unternehmen hat es zudem nicht sein Bewenden. Mittelbar sind Unternehmensgruppen auch über den Begriff der Wertschöpfungskette (Art. 3 g) CSDD) angesprochen, wo auf „etablierte Geschäftsbeziehungen“ i.S.v. Art. 3 f) CSDD abgestellt wird. Diese Regelung zielt zwar in erster Linie auf (schuld)vertragliche Beziehungen zwischen den Lieferkettenbeteiligten ab. Da zumindest unter arbeitsteilig zusammenwirkenden Konzernunternehmen regelmäßig solche vertraglichen Regelungen bestehen, ergibt sich aus Sicht des Richtlinienvorschlags insoweit ebenfalls eine Einheitsbetrachtung.

Tochtergesellschaften und etablierte Geschäftsbeziehungen werden zudem an mehreren Stellen in den Erwägungsgründen des Vorschlags ge-

---

von Erlösschmälerungen und der Mehrwertsteuer sowie sonstigen direkt mit dem Umsatz verbundenen Steuern ergeben.“

72 Der RL-Vorschlag macht keine Angaben, ob damit die Beschäftigten weltweit gemeint sind oder nur die im Inland; dazu u. mit weiteren Einzelheiten *Nietsch/ Wiedmann*, CCZ 2022, 125, 126 f.

73 ErwGrd. 22.

nannt[74] und sind im Rahmen der Pflichtenregelungen der Art. 4 ff. CSDD ebenfalls ausdrücklich adressiert.[75] In der Gesamtschau bedient sich die angedachte europäische Konzeption damit eines Mischkonzepts – hinsichtlich des persönlichen Anwendungsbereichs richtet sich der Blick auf den einzelnen Rechtsträger, hinsichtlich dessen Pflichten übergreifend auf die von ihm kontrollierten Rechtsträger bzw. solche, die Teil seiner „etablierten" Geschäftsbeziehung sind.

Was die Zuweisung der Organisationsverantwortung in der Unternehmensgruppe betrifft, ergibt sich nach dem CSDD-Vorschlag – anders als nach dem Loi de Vigilance – ein dezentraler Ansatz. Alle Rechtsträger der Unternehmensgruppe, welche die (nicht konsolidierten) Schwellenwerte des Art. 2 CSDD erreichen, sind zugleich Adressaten der sich aus der Regelung ergebenden Pflichten. Sie müssen selbstständig für deren Einhaltung sorgen und können ebenso selbstständig für Non-Compliance sanktioniert werden. Dem Vernehmen nach ist dies aus Sicht einzelner Abgeordneter des Europäischen Parlaments auch beabsichtigt, weil man sich von einer dezentralen Mehrfachverantwortung eine größere Effektivität der Sorgfaltspflichtenregelung verspricht. Ob es dabei bleibt, ist allerdings nicht nur wegen der Diskrepanz zum geltenden französischen Recht fraglich, sondern auch, weil sich der Aufwand aus Unternehmenssicht erheblich erhöht, Überschneidungen der Verantwortung vorprogrammiert sind und letztlich mit dem mehr oder minder als allgemeines Rechtsprinzip – auch des europäischen Gesellschaftsrechts – anerkannten Grundsatz des Organisationsermessens gebrochen wird.

E. Folgeüberlegungen

I. Wertschöpfungs- oder Lieferkettenverantwortung?

Die erste – und nur auf den ersten Blick schlicht wirkende – Frage besteht darin, ob man eine Lieferkette oder den Wertschöpfungsprozess als solchen zum Regelungssubstrat machen möchte. Ihre Bedeutung zeigt sich vor allem daran, dass hierrüber nicht nur eine Zuliefererverantwortung erzeugt wird, sondern eine solche, die, mit Ausnahme der Verwendung des Produkts durch den Endkunden im engeren Sinne (also der reinen Nutzung), potentiell dessen gesamten Lebenszyklus zum Anknüpfungs-

74 Z.B. Erwgrd. 27, 38 u. 42.

75 So etwa in Art. 5 I b) u. c) u. Art. 6 I CSDD.

moment für Sorgfaltspflichten macht.[76] Wie an den vereinzelt gebliebenen Äußerungen der Regierungsbegründung in Richtung auf das eine (nämlich die Wertschöpfungskette), die nahezu ausschließliche Ausrichtung der gesetzlichen Sorgfaltspflichten hingegen auf das andere (Zulieferer) erkennbar wird, muss sich der Gesetzgeber hinreichend Gewissheit verschaffen, was gewollt ist.

Für beides gibt es gute Argumente und Gegenargumente. Einwenden kann man gegen eine breit angelegte Wertschöpfungsprozessverantwortung den damit verbundenen Aufwand und die sicherlich vielfach fehlenden Einwirkungsmöglichkeiten; so trifft der Befund, dass sich Einflussvermögen über Marktmacht häufig eher auf der Abnehmerseite findet und weniger auf Seiten der Lieferanten[77], sicherlich vielfach zu. Zugutehalten muss man einer umfassend verstandenen Wertschöpfungsverantwortung hingegen, dass bis zum Bereich der Verwertung in einer globalisierten Wirtschaft Gefahren bestehen, denen mit Sorgfaltspflichten begegnet werden sollte. Neben dem bereits erwähnten Problem des Abwrackens[78] sei hier vor allem an den Abfalltourismus erinnert. Zudem lassen sich Lebenszyklusmanagement und Sourcing nicht streng voneinander unterscheiden. In einer Kreislaufwirtschaft können aus recycelten Produkten Rohstoffe (wieder)gewonnen werden, die wiederum in neue Herstellungsformen Eingang finden. Die entscheidende Weichenstellung liegt hier allerdings nicht darin, „ob" diesbezüglich Pflichten bestehen sollen, sondern „wer" zu ihrer Erfüllung in die Verantwortung genommen werden soll. Zumindest im unternehmerischen Bereich streitet vieles dafür, dass es zumindest keine alleinige Zuständigkeit des Herstellers, sondern auch eine solche des Verwenders geben muss. Beim privaten Konsumenten mag das anders liegen. Unabhängig von rechtssystematischen Gesichtspunkten bietet es sich im Übrigen schon deswegen an, Kreislaufwirtschaft und Wertschöpfungsverantwortung voneinander zu trennen, weil letztere mit dem Absatz an den Endverbraucher nach betriebswirtschaftlichem Verständnis endet.

---

76 Paradigmatisch insoweit die Ablehnung einer Downstreamverantwortung unter Hinweis darauf, der Gesetzgeber habe sich „bewusst nicht für den Begriff der Wertschöpfungskette, sondern für den der Lieferkette entschieden" (*Goßler/Palder*, BB 2022, 906, 907).

77 Zu dieser Einschätzung *Goßler/Palder*, BB 2022, 906, 911.

78 C. II.1.c).

II. Statische vs. risikobasierte Begründung der Lieferkettenverantwortung

Zur Regelung der Einbeziehung von Unternehmen in die Wertschöpfungsketten stehen statische Elemente (also insbesondere Beschäftigtenzahl und Umsatz), aber auch qualitative, d.h. im Wesentlichen risikobasierte Kriterien zur Verfügung. Die bisherigen Regelungen der Mitgliedstaaten – so auch das LkSG – bedienen sich ausschließlich der ersten Kategorie. Dagegen verbindet der CSDD-Vorschlag Umsatz und Beschäftigtenzahl mit dem Unternehmensgegenstand und lässt bei den von der Regelung als risikogeneigt qualifizierten Branchen entsprechend geringe Kennzahlen als Eingangsschwelle genügen. Von weiteren möglichen Kriterien, wie z.B. dem geographischen Risiko bzw. der Unterscheidung zwischen EU- und Drittländern, solchen Staaten, die bestimmte Abkommen zum Schutz der Beschäftigten haben usw., sieht die Regelung ab. Die Differenzierungstiefe hält sich also in Grenzen. Zudem wirkt sie nur anwendungsbereichserweiternd und nicht -begrenzend. Abgesehen davon kann man an dem Aussagegehalt der gewählten Kriterien Beschäftigte/Umsatz zur Risikogeneigtheit zweifeln, dies nicht zuletzt deswegen, weil sich angesichts der Möglichkeiten von Automatisierung und Digitalisierung durchaus Wege finden lassen, auch in Hochrisikobranchen mit niedrigen Beschäftigtenzahlen zu agieren.

III. Berücksichtigung im Rahmen der konkreten Sorgfaltspflichtenbestimmung – ausreichend?

Lässt man – wie das LkSG – risikobasierte Kriterien bei der Bestimmung des persönlichen Anwendungsbereichs von Sorgfaltspflichtenregelungen außer Acht, so verlieren diese nicht an Bedeutung. Sie verlagern sich zumeist nur in den konkreten Pflichtenbestand. Ausdruck dessen ist u.a. § 3 II LkSG nach dessen Ziff. 1 sich die „angemessene Weise des Handelns" nach Art und Umfang der Geschäftstätigkeit richtet. Zudem wird auf das Einflussvermögen des Unternehmens abgestellt (Ziff. 2). Das Gesetz lässt damit Raum, die unterschiedliche Gestaltung der konkreten Wertschöpfungssituation zu berücksichtigen. Unterscheiden lässt sich deswegen beispielsweise zwischen hierarchischen Lieferketten, bei denen das Unternehmen je nach seiner Stellung durchaus über gesteigerten Einfluss verfügen kann, und marktförmigen, dezentralen Strukturen, bei denen das schwerer zu begründen ist. Die Zugehörigkeit zu einer Hoch- oder Niedrigrisikobranche gehört ebenfalls zu den qualitativen Kriterien (vgl. Ziff. 3 „Wahrscheinlichkeit der Verletzung") auch wenn das LkSG anders als die CSDD hier keine eigene Einschätzung vornimmt.

In summa bedient sich daher auch das LkSG einer Kombination aus statischen, quantitativen und qualitativen Risikofaktoren. Sollte damit dem Einwand einer überschießenden Anwendungsbereichsregelung Einhalt zu gebieten sein? Die Antwort auf die Frage muss vor den mit der Sorgfaltsregelung geltenden Pflichten und dem davon ausgehenden Aufwand beantwortet werden. Mit anderen Worten ist gegen die breitflächige Einbeziehung weiter Teile der Wirtschaft (unmittelbare Adressaten wie mittelbar betroffene Unternehmen) solange nichts einzuwenden, wie sich mit der Adressatenstellung risikoadäquat abgestufte Belastungen ergeben? Das hängt in der praktischen Perspektive vor allem von der Haltung der Aufsichtsbehörden und der mit privaten Haftungsklagen und Sanktionsverfahren befassten Rechtsprechung ab. Da der sachliche Anspruch des LkSG und mehr noch der CSDD mit Einbeziehung der Absatzwirtschaft bis hin zum Lifecyclemanagement aber sehr hoch und die Sanktionsandrohung selbst bei moderatem Gebrauch erheblich ist, kann man sich hiervon allerdings wenig erhoffen. Ist man als Unternehmen vom LkSG erfasst, so ist schon der Compliance-Grundaufwand ganz erheblich, und zwar unabhängig von der Risikogeneigtheit. Dabei bleibt es auch, weil das Gesetz ebenso unabhängig von möglichen Anlässen fortlaufende Pflichten vorsieht (z.B. §§ 5 IV, 10 I („fortlaufend zu dokumentieren"), 12 LkSG). Insgesamt ist eine breitflächig angelegte, statische Anwendungsbereichsfestlegung daher unter Verhältnismäßigkeitsgesichtspunkten bedenklich.

Eine Alternative bestünde in einer differenzierten, risikoorientierten Festlegung der verantwortlichen Branchen, die aus Gründen der Flexibilität auch auf untergesetzlicher Ebene bzw. Sekundärrechtsakte der EU-Kommission erfolgen könnte. Gepaart sein sollte diese mit einer klareren Abgrenzung von Wertschöpfungsverantwortung zur Produktverantwortung und anderen Pflichten, und zwar vor allem solchen des Umwelt-, Arbeitsschutz- und Wettbewerbsrechts. Eine Risikoorientierung hat allerdings ihre Tücken, zumindest will dabei auf Regelungskonsistenz geachtet sein. So unterscheidet der EU-Richtlinienvorschlag zwar zwischen allgemeinen und Hochrisikobereichen. Er gibt den zu letzteren zählenden Unternehmen befremdlicherweise Sorgfaltspflichten nach Art. 6 II CSDD aber nur mit einer höheren Relevanzschwelle („severe impacts") auf.

IV. Hybrid-Sourcing als künftiges Szenario

Angesichts des Trends zu einer niederschwelligen Anwendungsbereichsfestlegung, kombiniert mit einer maximalen Pflichtenlage, brauchte man sich über das weitere Geschehen im europäischen Gesetzgebungsprozess bis vor kurzem keine Illusionen zu machen. Zu erwarten standen insgesamt wenig austarierte Anforderungen, gepaart mit erheblichen Reputations-, Sanktions- und Haftungsrisiken. Anstelle sich den daraus ergebenden Compliance-Risiken auszusetzen, ist in manchen Unternehmen längst darüber nachgedacht worden, im Rahmen des Möglichen, Bezugsquellen und Produktionsstandorte mit höheren Standards zu bevorzugen. Solche Reaktionen waren bereits in der Vergangenheit zu beobachten und es erstaunt, dass sich die Befürworter über die Wohlstandsverluste der davon betroffenen (Schwellen)länder wenig besorgt zeigen. In der Zwischenzeit hat sich das rechtspolitische Umfeld durch drei Faktoren angereichert: (1) Geostrategische Sicherheitsinteressen, (2) Lieferketten- und Versorgungssicherheit und (3) Inflationsgefahren. Der Begriff der Lieferkettensicherheit hat dabei eine ganz andere Bedeutung – es geht nicht (oder jedenfalls nicht in erster Linie) um die Verhältnisse der dort Beschäftigten, sondern um das Funktionieren der zugrunde liegenden Mechanismen, gleich ob es sich um Ernährung, Rohstoffe oder Vorprodukte (Microchips, Kabelbäume usw.) handelt. Glaubte man, es handele sich nach Ausbruch der Corona-Pandemie 2020 um ein vorübergehendes Phänomen, so hat sich dieses in einer Weise verstetigt, dass man hinsichtlich der Globalisierung an einen Wendepunkt gelangt ist. Dem umfassenden „Reshoring“, also der Rückführung von Produktionskapazitäten in die Industrieländer, steht allerdings der durch die Inflationsgefahren kaum zu beherrschende Kostendruck gegenüber. Als Ausweg wird man die Lieferkettenresilienz vor allem durch Diversifizierung erhöhen müssen (Multisourcing). Dies versteht sich nicht nur in geographischer, sondern auch in politischer Hinsicht, was wiederum dazu führen wird, dass man politisch verlässlicheren Partnern („Friendshoring“) gegenüber aufgeschlossener sein wird als solchen, denen diese Eigenschaft fehlt. Ob der europäische Gesetzgeber im weiteren Verfahren der Sorgfaltspflichten-Richtlinie in dieser Gemengelage weiterhin weitgehend einseitig im Interesse einer transnationalen Durchsetzung der als Menschenrechte definierten Rechtsgüter festhalten wird, bleibt abzuwarten.

Die Sorgfaltspflichten der §§ 3 ff. LkSG

Prof. Dr. Birgit Spießhofer[*]

I. Einführung

Am 22. Juli 2021 wurde das Gesetz über die unternehmerischen Sorgfaltspflichten in Lieferketten (Lieferkettensorgfaltspflichtengesetz – LkSG) im Bundesgesetzblatt verkündet, das zum 1.1.2023 in Kraft tritt.[1] Roma locuta, causa finita? Mitnichten. Das LkSG ist nur ein weiterer Meilenstein in der durch Soft Law, europäisches Recht, insbesondere EU-CSR-Reporting-Richtlinie[2], Konfliktmineralienverordnung[3] und Holzhandelsverordnung[4], und nationale Vorreitergesetzgebung angestoßenen Entwicklung einer verstärkten "Indienstnahme" Privater[5] für die Durchsetzung öffentlicher, durch die Begriffe Corporate Social Responsibility (CSR) und ESG (Environment, Social, Governance) umschriebener Aufgaben in einer globalisierten Wirtschaft. Anders als eine entschädigungspflichtige Indienstnahme für öffentliche Zwecke im polizeirechtlichen Sinne[6] begründet das LkSG die Verantwortung von Unternehmen für die Durchsetzung von Menschenrechten und Umweltschutz in ihrer eigenen Organisation und Unternehmensgruppe sowie in ihren Lieferketten als *eigene* Sorgfaltspflicht, deren wesentliche Eckpunkte in den §§ 3 ff LkSG niedergelegt sind. Das LkSG enthält damit eine weitere Ausformulierung und Verfestigung des insbesondere in den UN-Leitprinzipien für Wirtschaft und Menschenrechte (UNLP)[7], den OECD Leitsätzen für Multinationale Unternehmen[8]

---

* Die Autorin ist Rechtsanwältin und Europe Chief Sustainability and Governance Counsel bei Dentons Europe LLP in Berlin.

1 BGBl. I 2021, 2959 (alle Links wurden am 25.5.2022 abgerufen).

2 RL (EU) 2014/95/EU.

3 VO (EU) 821/2017.

4 VO (EU) 995/2010.

5 Vgl. Spießhofer, CSR – "Indienstnahme" von Unternehmen für gesellschaftspolitische Aufgaben? in: VGR, Gesellschaftsrecht in der Diskussion 2016, 2017, S. 61 ff.

6 Vgl. bspw. §§ 9, 100 Polizeigesetz Baden-Württemberg, v. 6.10.2020, GBl. 2020, 735.

7 2011, https://www.auswaertiges-amt.de/blob/266624/b51c16faf1b3424d7efa060e8aaa8130/un-leitprinzipien-de-data.pdf.

8 Ausgabe 2011, https://mneguidelines.oecd.org/48808708.pdf.

und dem Nationalen Aktionsplan für Wirtschaft und Menschenrechte (NAP)[9] – internationalem und nationalem Soft Law[10] – angelegten Regulierungsprogramms und ebnet den Weg zu einer entsprechenden EU-Lieferketten-Gesetzgebung[11] und deren europaweiter Umsetzung.

Während sich die deutsche Jurisprudenz auf der Grundlage eines nationalstaatlich geprägten Rechtsbegriffs[12] internationalem Soft Law zunächst nur zögerlich näherte und die Beratung zu CSR (Corporate Social Responsibility) und ESG (Environment, Social, Governance) hauptsächlich Consultingfirmen überließ, liegt nun der Ball eindeutig im juristischen Feld.[13] Diesen Weg des "hardening of soft law"[14] waren andere Länder mit unterschiedlichen Ansätzen bereits vorausgegangen.[15] Dabei sind zwei grundsätzlich unterschiedliche Ansätze nationaler Gesetzgebung zu erkennen: der spezifische, einzelne eklatante Menschenrechtsverstöße adressierende Ansatz, den insbesondere Großbritannien und die Niederlande verfolgen, und der generelle, ein weites Spektrum menschen- und umweltrechtlicher Gewährleistungen erfassende Ansatz, den Frankreich und Deutschland und, ihnen folgend, die künftige EU Corporate Sustainability Due Diligence-Richtlinie[16] favorisieren.

Während Großbritannien mit dem UK Modern Slavery Act 2015[17] Sklaverei und Zwangsarbeit und die Niederlande Kinderarbeit in Lie-

---

9 2016–2020, https://www.auswaertiges-amt.de/blob/297434/8d6ab29982767d5a31d2e85464461565/nap-wirtschaft-menschenrechte-data.pdf.

10 Vgl. Spießhofer, Unternehmerische Verantwortung, 2017, S. 583 ff.

11 Vgl. Vorschlag für eine Richtlinie über die Sorgfaltspflichten von Unternehmen im Hinblick auf Nachhaltigkeit und zur Änderung der Richtlinie (EU) 2019/1937 vom 23.3.2022, https://ec.europa.eu/info/publications/proposal-directive-corporate-sustainable-due-diligence-and-annex_en; dazu eingehend Nietsch/Wiedmann, CCZ 2022, 125 ff; Hübner/Habrich/Weller, NZG 2022, 644 ff.

12 Kritisch dazu Spießhofer, IWRZ, 4/2018, Editorial; diess. Unternehmerische Verantwortung, 2017, S. 574 ff.

13 Davon zeugen eine Vielzahl von Publikationen zum LkSG, vgl. u.a. Graf von Westphalen, ZIP 2020, 2421; Lutz-Bachmann/Vorbeck/Wengenroth, BB 2021, 906; Nietsch/Wiedmann, CCZ 2021, 101; Voland, AnwBl. 2021, 235; Wagner/Ruttloff, NJW 2021, 2145.

14 Vgl. Nietsch, Corporate Social Responsibility Compliance, 2021, S. 6 f.

15 Überblick bei Grabosch, Unternehmen und Menschenrechte, 2019, http://library.fes.de/pdf-files/iez/15675.pdf.

16 Vgl. Nietsch/Wiedmann, CCZ 2022, 125 ff; Hübner/Habrich/Weller, NZG 2022, 644 ff.

17 https://www.legislation.gov.uk/ukpga/2015/30/contents.

ferketten[18], d.h. jeweils genau definierte Tatbestände schwerwiegender Menschenrechtsverletzungen, gesetzlich verboten und diesbezügliche Verpflichtungen auch hinsichtlich der Lieferketten einführten, verfolgen Frankreich mit dem Loi de vigilance[19], Deutschland mit dem LkSG und auch die Europäische Union[20] einen deutlich weitergehenden und eine Vielzahl von Fragen aufwerfenden Ansatz.[21] Den UNLP folgend und ihren weiten Regelungsansatz im Wesentlichen in den Gesetzestext übernehmend sehen sie eine unternehmerische Sorgfaltspflicht für die Achtung einer Vielzahl von unmittelbar aus UN- und ILO-Konventionen abzuleitenden Menschen- und Umweltrechten in grundsätzlich allen Lieferketten vor, die durch einen Katalog von Maßnahmen zu erfüllen ist. Um die Herausforderungen dieses Regelungsansatzes zu verstehen, ist daher ein kurzer Blick auf die UNLP sinnvoll.

Die UNLP hatten neben der staatlichen Verpflichtung zum Schutz der Menschenrechte eine unternehmerische Verantwortung zur Achtung aller international anerkannter Menschenrechte ("responsibility to respect") etabliert, die aus zwei Komponenten bestand: (1) Der *weiten* unternehmerischen Verantwortung zur Achtung aller Menschenrechte, die (2) durch *spezifisch* ausgestaltete "Due Diligence"-Maßnahmen erfüllt werden sollte. Diese unternehmerische Sorgfaltspflicht wirft bereits im Soft Law eine Reihe von Fragen auf.[22] Dies gilt vor allem für den weiten Tatbestand, dass Unternehmen "negative Auswirkungen" auf "alle Menschenrechte" vermeiden, vermindern oder beseitigen sollen, sei es, dass sie sie verursachen, zu ihnen beitragen oder mit ihnen durch Geschäftspartner oder Pro-

18 Wet Zorgplicht Kinderarbeid, veröff. 13.11.2019, https://zoek.officielebekendmakingen.nl/stb-2019-401.html.

19 Loi n° 2017–399 du 27 mars 2017 relative au devoir de vigilance des sociétés mères et des entreprises donneuses d'ordre, https://www.legifrance.gouv.fr/loda/id/JORFTEXT000034290626/.

20 Vgl. Nietsch/Wiedmann, CCZ 2022, 125 ff; Hübner/Habrich/Weller, NZG 2022, 644 ff.; krit. Spießhofer, Umweltdialog 5/2021, S. 73 ff.

21 Vgl. Spießhofer, AnwBl. 2021, 534 ff; vgl. eingehend Verband der Chemischen Industrie, Diskussionspapier zu Rechts- und Umsetzungsfragen des Lieferkettensorgfaltspflichtengesetzes (LkSG), 18.3.2022, https://www.vci.de/themen/nachhaltigkeit/lieferketten-menschenrechte-wirtschaft/lieferkettensorgfaltspflichtengesetz-rechts-umsetzungsfragen.jsp.

22 Vgl. Spießhofer, Unternehmerische Verantwortung, 2017, S. 109 ff. IBA Practical Guide on Business and Human Rights for Business Lawyers, adopted 28 May 2016, https://www.ibanet.org/MediaHandler?id=d6306c84-e2f8-4c82-a86f-93940d6736c4; CCBE CSR Guidance III, May 2017, https://www.ccbe.eu/fileadmin/speciality_distribution/public/documents/CSR/CSR_Guides___recommendations/EN_CSR_20170519_Guidance-III.pdf.

dukte direkt verbunden sind. Die weite Verantwortung für eine "Achtung aller international anerkannten Menschenrechte" (verbunden mit genau definierten Sorgfaltspflichten) war ein diplomatischer "Kunstgriff" des Autors der UNLP, Prof. John Ruggie, der eine seit 1974 auf UN-Ebene ergebnislos geführte Diskussion um die menschenrechtliche Verantwortung von Unternehmen (einschließlich eines gescheiterten UN Code of Conduct on Transnational Corporations, der unternehmerische Verpflichtungen konkret ausformuliert hatte) vorläufig beendete, jedoch nicht befriedete, sondern letztlich nur partiell gelöst der weiteren Konkretisierung durch Praxis, Standardisierungsorganisationen und Gesetzgeber überantwortete, um ein abermaliges Scheitern zu verhindern.[23] Das anschließende Mandat der UN Working Group on Business and Human Rights sah jedoch keine weitere normative Fortentwicklung der "Prinzipien" zu "Standards" im Sinne eindeutiger globaler Verhaltensvorgaben vor, sondern beschränkte sich auf die Implementierung und Verbreitung der UNLP, die etwas irreführend als "global standard of responsibility" bezeichnet wurden.[24] Die Achtung "aller Menschenrechte" wurde durch eine Verweisung auf einen nicht abschließenden Katalog von UN- und ILO-Konventionen zwar erläutert, aber nicht wirklich definiert.[25]

Großbritannien und die Niederlande haben sich daher, jedenfalls zunächst, auf eklatante Menschenrechtsverstöße konzentriert und in ihren Gesetzen die Tatbestände Sklaverei und Kinderarbeit konkret gefasst. Eine Verweisung auf eine Liste von UN- und ILO-Konventionen indessen wie in den UNLP (nicht abschließend) und in der Anlage zum LkSG (abschließend), aus der sich nach § 2 Abs. 1 LkSG unmittelbar "geschützte Rechtspositionen im Sinne dieses Gesetzes" ergeben sollen, reicht das Problem der Konkretisierung partiell an den Rechtsanwender weiter. Dabei war vor der Verabschiedung der UNLP heftig umstritten, hinsichtlich welcher Menschenrechte Unternehmen überhaupt Verantwortung haben können und sollen, insbesondere, wenn es um eigentlich staatsgerichtete Konventionen wie den (in der Anlage zum LkSG ebenfalls benannten) Internationalen Pakt für bürgerliche und politische Rechte geht.[26] Diese durchaus berechtigte und grundsätzliche Frage findet keine Reflexion im Gesetz und der Gesetzesbegründung. Ebenso wenig setzt sich der Gesetzgeber damit auseinander, dass durch diese Regelungstechnik der Rechtsanwender in

23 Vgl. Spießhofer, Unternehmerische Verantwortung, 2017, S. 61 ff.

24 Spießhofer, Unternehmerische Verantwortung, 2017, S. 155 ff.

25 Siehe The Corporate Responsibility to Respect Human Rights. An Interpretive Guide, S. 10 ff.

26 Vgl. Spießhofer, Unternehmerische Verantwortung, 2017, S. 72 ff.

Konkurrenz zu dem Gesetzgeber tritt, der entweder wie in Deutschland die in der Anlage zum LkSG genannten Konventionen bereits in detailliertes nationales Recht umgesetzt hat (jedenfalls soweit die Unternehmen und ihre Lieferketten im Inland betroffen sind), oder die Konventionen nicht unterzeichnet hat oder anders interpretiert, wie bspw. in China.[27] Dies ist nicht nur ein völkerrechtliches,[28] sondern für die Unternehmen vor allem auch ein praktisches Problem. Inwieweit im Übrigen die den UNLP folgende Ableitung von Rechtspositionen unmittelbar aus UN- und ILO-Konventionen den an ein deutsches Gesetz zu stellenden verfassungsrechtlichen Anforderungen gerecht wird, findet ebenfalls keine Würdigung.[29]

Ein weiteres Manko ist, dass durch die unterschiedliche Konkretisierung in den nationalen Gesetzen der Zweck der UNLP, einen global einheitlichen menschenrechtlichen Verhaltensstandard zu schaffen, das sog. "level playing field", nicht erreicht werden kann. Vielmehr werden in den transnationalen Lieferketten neben (von den Unternehmen jeweils eigenständig und uneinheitlich interpretiertem) Soft Law die unterschiedlichen nationalen Umsetzungen der Sorgfaltspflichten Geltung beanspruchen, was nicht nur für die den nationalen Regelungen unmittelbar unterworfenen Unternehmen, sondern auch für alle Unternehmen in deren Liefer- und Dienstleistungsketten einen erheblichen Compliance-Aufwand erfordert.

Eine andere, für die Praxis wichtige, aber hier nicht zu diskutierende Frage ist, ob die Definition von Sorgfaltspflichten durch sanktionsbewehrte europäische Lieferkettengesetze der richtige und vor allem in Anbetracht komplexer politischer und kultureller Realitäten ein erfolgversprechender Weg ist, um westlich geprägte Werte und Ordnungsvorstellungen in transnationalen Lieferketten und anderen Kulturkreisen durchzusetzen, oder Unternehmen zum Rückzug zu zwingen, wenn sie dies nicht gewährleisten können.[30]

---

27 Spießhofer, Unternehmerische Verantwortung, 2017, S. 558 ff m.w.N.

28 Vgl. Wimmer, Über grünen Tee, bittere Schokolade und die Sorgfalt im Allgemeinen – Überlegungen zum Gesetz über die unternehmerischen Sorgfaltspflichten zur Vermeidung von Menschenrechtsverletzungen in Lieferketten, in: Compes/Thümmel/Winkler, Festschrift für Alexander Reuter, 2021, S. 535, 551 f.

29 Vgl. dazu kritisch Wimmer, in: Compes/Thümmel/Winkler, Festschrift für Alexander Reuter, 2021, S. 535, 555 ff.

30 Kritisch DAV SN 27/2021, Rn. 13 ff; Spießhofer, Unternehmerische Verantwortung, 2017, S. 539 ff; Wimmer, in: Compes/Thümmel/Winkler, Festschrift für Alexander Reuter, 2021, S. 535, 556.

Im Folgenden sollen zunächst kurz die wesentlichen Bezugspunkte der Sorgfaltspflicht, i.e. die Lieferkette sowie die Definition von Rechtsposition, Risiko und Verletzung beleuchtet werden, um anschließend die Sorgfaltspflichten selbst, insbesondere ihre Qualität sowie die einzelnen Komponenten, einer genaueren Betrachtung zu unterziehen.

II. *Sorgfaltspflichten – Bezugspunkte: Lieferkette, Rechtsposition, Risiko, Verletzung*

Nach § 3 LkSG sind Unternehmen dazu verpflichtet, in ihrer Organisation, ihrer Unternehmensgruppe sowie ihren Lieferketten die im Folgenden festgelegten menschenrechtlichen und umweltbezogenen Sorgfaltspflichten in angemessener Weise zu beachten mit dem Ziel, menschenrechtlichen oder umweltbezogenen Risiken vorzubeugen oder sie zu minimieren oder die Verletzung menschenrechtsbezogener oder umweltbezogener Pflichten zu beenden.

1. *Lieferkette*

Die Lieferkette[31] umfasst nach § 2 Abs. 5 LkSG "alle Produkte und Dienstleistungen eines Unternehmens". Sie umfasst alle Schritte im In- und Ausland, die zur Herstellung der Produkte und zur Erbringung der Dienstleistung erforderlich sind, von der Gewinnung der Rohstoffe bis zur Lieferung an Endkunden. Die Lieferkette erfasst

- das Handeln des Unternehmens im *eigenen Geschäftsbereich*,
- das Handeln eines *unmittelbaren* Zulieferers
- sowie das Handeln eines *mittelbaren* Zulieferers.

Der eigene Geschäftsbereich ist weit definiert und erfasst jede Tätigkeit des Unternehmens zur Erreichung des Unternehmensziels. Erfasst ist jede Tätigkeit zur Herstellung und Verwertung von Produkten und zur Erbringung von Dienstleistungen, unabhängig davon, ob sie an einem Standort im In- oder Ausland vorgenommen wird. Da explizit auch jede Tätigkeit im Inland erfasst sein soll, stellt sich die Frage der Konkurrenz zu den Gesetzen, die die in Anlage zum LkSG aufgelisteten Konventionen bereits

31 Grundlegend Beckers, Globale Wertschöpfungsketten: Theorie und Dogmatik unternehmensbezogener Pflichten, ZfPW 2021, 220.

in detaillierter Form in nationales Recht und dementsprechende Sorgfaltspflichten umgesetzt haben. Diese Konkurrenz wird weder im Gesetzestext, etwa durch eine Vorrangregelung, gelöst noch in der Gesetzesbegründung angesprochen.

In verbundenen Unternehmen zählt zum eigenen Geschäftsbereich der Obergesellschaft eine konzernangehörige Gesellschaft, wenn die Obergesellschaft auf sie einen bestimmenden Einfluss ausübt (§ 2 Abs. 6 LkSG). Insoweit wird eine Konzernverantwortung der Obergesellschaft begründet, wobei sich die Frage stellt, was als "bestimmender Einfluss" zu qualifizieren ist. In Anbetracht dessen, dass an den eigenen Geschäftsbereich, wie zu zeigen sein wird, deutlich strengere Sorgfaltsanforderungen gestellt werden als an die sonstige Lieferkette, und die Konzernobergesellschaften die präferierte Zielscheibe rechtlicher oder zivilgesellschaftlicher Aktionen sind, ist diese Frage von eminent praktischer Bedeutung. Auch hier fehlt eine Definition oder wenigstens die Festlegung wesentlicher Kriterien im Gesetzestext.

Die Gesetzesbegründung[32] führt insofern aus, dass ein bestimmender Einfluss zunächst voraussetzt, dass eine Einflussnahme nach dem jeweils anwendbaren Recht überhaupt möglich ist. Zusätzlich sind für die Beurteilung, ob ein bestimmender Einfluss vorliegt, "alle erheblichen Gesichtspunkte in einer Gesamtschau zu würdigen". Hierfür sind alle wirtschaftlichen, personellen, organisatorischen und rechtlichen Bindungen zwischen Tochter- und Muttergesellschaft im Zusammenhang zu betrachten und zu gewichten. Anhaltspunkte für eine bestimmende Einflussnahme können eine hohe Mehrheitsbeteiligung an der Tochtergesellschaft, das Bestehen eines konzernweiten Compliance-Systems, die Übernahme von Verantwortung für die Steuerung von Kernprozessen im Tochterunternehmen, eine entsprechende Rechtskonstellation, in der die Möglichkeit der Einflussnahme angelegt ist, personelle Überschneidungen in der (Geschäfts)Führungsebene, ein bestimmender Einfluss auf das Lieferkettenmanagement der Tochtergesellschaft, die Einflussnahme über die Gesellschafterversammlung sein und dass der Geschäftsbereich der Tochtergesellschaft dem Geschäftsbereich der Obergesellschaft entspricht, etwa, weil die Tochtergesellschaft die gleichen Produkte erstellt und verwertet oder die gleichen Dienstleistungen erbringt wie die Obergesellschaft.

Diese weite Umschreibung des "eigenen Geschäftsbereichs" der Obergesellschaft enthält nicht nur Elemente der Konzeption des Unternehmens

32 BT Drs. 19/30505, S. 38.

als wirtschaftliche Einheit im europäischen Kartellrecht,[33] sondern referenziert auch Rechtsprechung aus dem angelsächsischen Bereich, die einige dieser Kriterien zur Begründung einer eigenen Sorgfaltspflicht der Muttergesellschaft herangezogen hat.[34] Damit wird – wie von zivilgesellschaftlichen Organisationen im NAP-Prozess gefordert – eine Konzernverantwortung für die Einhaltung menschenrechtlicher und umweltbezogener Sorgfaltspflichten begründet und das gesellschaftsrechtliche Trennungsprinzip überspielt und weitgehend ausgehebelt, ohne dass die Kriterien für diese weitreichende Verantwortungsbegründung gesetzlich definiert oder ansonsten eindeutig wären. Inwiefern dies rechtsstaatlichen Bestimmtheitsanforderungen, insbesondere im Verbund mit weitreichenden, auch strafrechtlichen Sanktionen, gerecht wird, bedarf einer hier nicht zu leistenden eingehenderen Untersuchung.

Die Unternehmen bewegen sich zwischen Skylla und Charybdis in einer double-bind Situation: einerseits fordert das LkSG, dass das Unternehmen, um seinen Sorgfaltspflichten zu genügen und Sanktionen abzuwenden, nicht nur die menschen- und umweltrechtlichen Risiken einschätzt, sondern sie auch abwendet, mindert oder Pflichtverletzungen beendet, indem es Tochterunternehmen durch konzernweite Compliance-Systeme effektiv steuert; andererseits begründet genau diese Steuerung und Kontrolle die Verantwortung der Muttergesellschaft und damit den Zugriff auf ihre tiefen Taschen.[35]

Unmittelbare Zulieferer sind nach § 2 Abs. 7 LkSG Vertragspartner, mittelbarer Zulieferer ist jedes Unternehmen, das kein Vertragspartner ist und dessen Zulieferungen für die Herstellung des Produkts oder die Erbringung der Dienstleistung notwendig ist (§ 2 Abs. 8). Diese Verantwortung eines Unternehmens für seine Lieferkette hat sich mithin von §§ 278, 831 BGB wie auch den AGB-rechtlich gesicherten Verantwortungszuweisungen für das Verhalten Dritter[36] gelöst. *Verantwortungsbegründend* ist die rein kausale Verbindung zu jedem Unternehmen in jeder Lieferkette. Dies

---

33 Vgl. Spießhofer, Unternehmerische Verantwortung, 2017, S. 489 ff m.w.N. zu den verschiedenen Ansätzen zur Begründung von Gruppenverantwortung in der CSR-Diskussion.

34 Chandler v. Cape PLC (2012) EWCA (Civ) 525; Lungowe v. Vedanta Resources PLC (2019) UKSC 20; Okpabi v. Royal Dutch Shell PLC (2021) UKSC 3; dazu vgl. Späth/Werner, CCZ 2021, 241 ff; AAA v. Unilever PLC & Unilever Kenya Tea Ltd. (2018) EWCA Civ 1532; sie nimmt auch die Argumentation der Kläger im KiK-Fall auf, vgl. Spießhofer, UN Global Compact Jahrbuch 2018, S. 17, 18.

35 Vgl. Spießhofer, Unternehmerische Verantwortung, 2017, S. 425 f.

36 Vgl. dazu Spießhofer/Graf von Westphalen, BB 2015, 75 ff.

stellt die Praxis in Anbetracht des Umfangs und der Vielschichtigkeit globaler Lieferketten vor erhebliche Herausforderungen.[37] Erst auf der nächsten Ebene, der Ausgestaltung und Reichweite der Sorgfaltspflichten, greifen Verhältnismäßigkeitsüberlegungen.

2. *Rechtsposition, Risiko, Verletzung*

§ 2 LkSG "definiert" drei Begriffe: Rechtsposition (Abs. 1), menschenrechtliches und umweltbezogenes Risiko (Abs. 2 und 3) und Verletzung (Abs. 4).

a) *Rechtsposition*

Geschützte Rechtspositionen i.S.d. § 2 Abs. 1 LkSG sollen solche sein, die sich aus den in Anlage aufgelisteten Menschenrechtskonventionen ergeben. Damit wird in der Sache eine unmittelbare Drittwirkung dieser Konventionen eingeführt, die im flexibleren Soft Law noch angehen mag,[38] im Rahmen eines deutschen Gesetzes jedoch Fragen rechtsstaatlicher Bestimmtheit wie auch der Verletzung des Wesentlichkeitsprinzips aufwirft,[39] da die ansonsten dem Gesetzgeber obliegende Umsetzung und Konkretisierung menschenrechtlicher Konventionen, die im Übrigen im Rahmen des deutschen Arbeits- und Arbeitsschutzrechts stattgefunden hat, auf den demokratisch nicht legitimierten Rechtsanwender oder im Rahmen der Ermächtigung zu Handreichungen[40] auf die Exekutive verlagert wird. Durch den unmittelbaren Rückgriff auf die Konventionen wird eine Parallelordnung eröffnet, die, jedenfalls soweit sie die innerhalb Deutschlands zu erbringenden Lieferketten-Verpflichtungen betrifft, die bereits oben angesprochene Frage aufwirft, in welchem Verhältnis sie zu dem die Konventionen umsetzenden und diesbezügliche Rechtspositionen und Sorgfaltspflichten konkret ausgestaltenden nationalen Recht steht.

37 Vgl. DAV SN 27/2021, Rn. 16 ff.

38 Vgl. dazu Nietsch, Corporate Social Responsibility Compliance, 2021, S. 185 ff; Spießhofer, Unternehmerische Verantwortung, 2017, S. 597 ff.

39 Vgl. BVerfGE 49, 89, 126; 84, 212, 226; 95, 276, 307 m.w.N.; 101, 1, 34; vgl. Wimmer, in: Compes/Thümmel/Winkler, Festschrift für Alexander Reuter, 2021, S. 535, 555 f.

40 § 20 LkSG; vgl. dazu vgl. Wimmer, in: Compes/Thümmel/Winkler, Festschrift für Alexander Reuter, 2021, S. 535, 560 ff.

b) Risiko

Ein menschenrechtliches oder umweltbezogenes Risiko i.S.d. § 2 Abs. 2 und 3 ist ein Zustand, bei dem aufgrund tatsächlicher Umstände mit hinreichender Wahrscheinlichkeit ein Verstoß gegen eines der jeweils nachfolgend definierten Verbote droht. Während § 2 Abs. 2 Ziff. 1–8 LkSG konkretere Vorgaben enthalten, paraphrasiert Ziff. 9 (Verbot der Herbeiführung einer schädlichen Bodenveränderung, Gewässerverunreinigung, Luftverunreinigung, schädliche Lärmemission oder eines übermäßigen Wasserverbrauchs) praktisch das gesamte deutsche Umweltrecht, allerdings ohne dessen Ausdifferenziertheit und ohne das Verhältnis der Normen zueinander, wenigstens für die Teile der Lieferketten im innerstaatlichen Bereich, zu klären. Ziff. 12 enthält ein generalklauselartiges Verbot jeglichen Tuns oder pflichtwidrigen Unterlassens, das unmittelbar geeignet ist, in besonders schwerwiegender Weise eine geschützte Rechtsposition zu beeinträchtigen und dessen Rechtswidrigkeit bei verständiger Würdigung aller in Betracht kommenden Umstände offensichtlich ist. Diese Ansammlung unbestimmter Begriffe lässt viele Fragen offen: Wonach richten sich Pflichtwidrigkeit und Rechtswidrigkeit in einem transnationalen Lieferkettenkontext – nach deutschem Recht? Zu den Rechtspositionen gehören auch solche, die sich aus dem Internationalen Pakt über bürgerliche und politische Rechte ergeben – bedeutet das Verbot des Unterlassens eine Verpflichtung zum Einschreiten zum Schutz politischer Rechte in Drittländern? Hier sind Forderungen aus dem rechtspolitischen Diskurs ohne Berücksichtigung rechtsstaatlicher Bestimmtheitsanforderungen in Gesetzestext überführt worden.

Zusätzlich zu den bereits unter den oben genannten menschenrechtlichen Risiken in Ziff. 9 weit gefassten umweltbezogenen Verboten werden in § 2 Abs. 3 weitere konkretere Verbote aus der Minamata-Konvention (Quecksilber betreffend), dem Stockholmer Abkommen über persistente organische Schadstoffe und dem Basler Übereinkommen über die Kontrolle der grenzüberschreitenden Verbringung gefährlicher Abfälle und ihrer Entsorgung abgeleitet. Auch hier stellt sich einerseits die Frage nach dem Verhältnis zum nationalen, die Konventionen umsetzenden Recht, andererseits bleibt unklar, warum gerade diese Konventionen ausgewählt wurden,[41] und wie mit Verpflichtungen aus den ebenfalls wichtigen, aber

41 Siehe die deutlich andere Liste in dem Vorschlag für eine Richtlinie über die Sorgfaltspflichten von Unternehmen im Hinblick auf Nachhaltigkeit und zur

nicht genannten Konventionen wie z.B. dem Montrealer Protokoll[42] (FCKW betreffend) zu verfahren ist.

c) Verletzung

Eine Verletzung wird als "Verstoß" gegen eines der genannten menschenrechtlichen oder umweltbezogenen Verbote beschrieben. Was das umgangssprachliche Wort "Verstoß" an juristischer Qualifikation verlangt, wird nicht näher definiert. Soll jede objektive negative Auswirkung auf diese Verbote genügen, die ein Unternehmen verursacht, zu der es beiträgt oder mit der es direkt verbunden ist? Diese Definition entfernt sich von der Definition einer Menschenrechtsverletzung, die nicht nur eine Betroffenheit des Schutzbereichs eines Menschenrechts verlangt, sondern auch, dass diese nicht durch Rechte Dritter oder der Allgemeinheit, die in Grundrechtsschranken berücksichtigt sind, gerechtfertigt ist.[43] Die Unbestimmtheit des Verletzungstatbestands und der genannten Verbote wiegt umso schwerer, als die Risiken und Verletzungen nicht nur Vermeidungs-, Minderungs- und Abhilfepflichten, sondern auch erhebliche Sanktionen nach sich ziehen können.[44] Die Verpflichtung zur Abhilfe und Beendung eines Verstoßes eröffnet in der Sache einen Haftungstatbestand. Er steht mangels einer anderen Regelung des Konkurrenzverhältnisses neben vertraglichen oder deliktischen Schadenersatzvorschriften sowie § 1004 BGB. § 3 Abs. 3 LkSG regelt lediglich, dass eine Verletzung von Pflichten aus diesem Gesetz keine zivilrechtliche Haftung begründen soll; eine unabhängig davon begründete zivilrechtliche Haftung[45] bleibt jedoch unberührt, ebenso die explizit eingeführte Abhilfe- und Beendungsverpflichtung.[46]

Änderung der Richtlinie (EU) 2019/1937 vom 23.32022, https://ec.europa.eu/info/publications/proposal-directive-corporate-sustainable-due-diligence-and-annex_en.

42 Vom 16.9.1987, https://ozone.unep.org/treaties/montreal-protocol.

43 Vgl. Murswiek, Freiheitsrechte, in Festschrift für P. Kirchhof, 2013, S. 205, 211 ff.

44 Vgl. §§ 12 ff LkSG.

45 Vgl. dazu Habersack/Ehrl, AcP 2019, 155 ff m.w.N.

46 Grabosch, Das neue Lieferkettensorgfaltspflichtengesetz, 2021, spricht von einer Haftung ohne Schaden.

III. Sorgfaltspflichten – Überblick

Unternehmen sind nach § 3 Abs. 1 LkSG verpflichtet, in ihren Lieferketten menschenrechtliche und umweltbezogene Sorgfaltspflichten "*in angemessener Weise*" zu beachten mit dem Ziel, diesbezüglichen Risiken vorzubeugen oder sie zu minimieren oder die Verletzung menschenrechts- oder umweltbezogener Pflichten zu beenden. Die oben dargestellte weite Verantwortungsbegründung wird in zweifacher Hinsicht eingegrenzt:

1. durch eine Spezifizierung und Ausformulierung der *Elemente* der Sorgfaltspflicht, und
2. durch Verhältnismäßigkeitskriterien, die Orientierungsmaßstäbe für die *Angemessenheit* der Sorgfaltspflicht selbst bzw. ihrer Umsetzung vermitteln sollen.

1. Elemente der Sorgfaltspflicht

Die Sorgfaltspflicht umfasst, den UNLP folgend und sie partiell ergänzend und modifizierend,

1. die Einrichtung eines *Risikomanagements* (§ 4 Abs. 1),
2. die Bestellung eines *Beauftragten* (§ 4 Abs. 3),
3. regelmäßige *Risikoanalysen* (§ 5),
4. die Abgabe einer *Grundsatzerklärung* (§ 6 Abs. 2),
5. die Verankerung von *Präventionsmaßnahmen* im eigenen Geschäftsbereich (§ 6 Abs. 1, 3) und gegenüber unmittelbaren Zulieferern (§ 6 Abs. 4),
6. das Ergreifen von *Abhilfemaßnahmen* (§ 7 Abs. 1 – 3),
7. die Einrichtung eines *Beschwerdeverfahrens* (§ 8),
8. die Umsetzung von Sorgfaltspflichten bzgl. Risiken bei *mittelbaren Zulieferern* (§ 9) und
9. die *Dokumentation* (§ 10 Abs. 1) und *Berichterstattung* (§ 10 Abs. 2).

Aus diesen Vorgaben folgt, dass die Compliance Management Systeme entsprechend erweitert werden müssen, wobei im Detail noch vieles klärungsbedürftig ist.[47]

---

47 Vgl. DAV SN 27/2021, Rn. 22 ff; Lutz-Bachmann/Vorbeck/Wengenroth, BB 2021, 906, 908 ff; Nietsch/Wiedmann, CCZ 2021, 101, 106 ff; Voland, AnwBl. 2021, 235, 236; Wagner/Ruttloff, NJW 2021, 2145 ff; vgl. auch Verband der Chemischen In-

2. *Verhältnismäßigkeitskriterien*

Nach § 3 Abs. 2 bestimmt sich die *angemessene Weise* eines Handelns, das den Sorgfaltspflichten genügt, nach

1. *Art und Umfang der Geschäftstätigkeit* des Unternehmens,
2. dem *Einflussvermögen* des Unternehmens auf den unmittelbaren Verursacher eines menschenrechtlichen oder umweltbezogenen Risikos oder der Verletzung einer entsprechenden Pflicht,
3. der typischerweise zu erwartenden *Schwere der Verletzung*, ihrer *Umkehrbarkeit* und der *Wahrscheinlichkeit* der Verletzung einer menschenrechts- oder einer umweltbezogenen Pflicht, sowie
4. nach der *Art des Verursachungsbeitrags* des Unternehmens zu dem menschenrechtlichen oder umweltbezogenen Risiko oder zu der Verletzung einer diesbezüglichen Pflicht.

Diese Verhältnismäßigkeitskriterien gehen auf die UNLP zurück,[48] wobei die sprachliche Fassung insofern unglücklich ist, als unklar bleibt, ob die Sorgfaltspflichten als solche relativiert werden oder das sorgfältige Handeln einer zweiten Voraussetzung, der Angemessenheitsprüfung, unterworfen wird. Auch insoweit ist noch vieles klärungsbedürftig.[49]

3. *Bemühens- oder Erfolgspflicht?*

Teilweise wird, gestützt auf die Gesetzesbegründung[50], angenommen, dass es sich bei der Sorgfaltspflicht nur um eine "Bemühenspflicht" handele.[51] Dies wäre aus Sicht der Unternehmen wünschenswert, da es einen Handlungsspielraum gewähren würde, insbesondere in Bereichen, in denen es aus sachlichen oder kulturellen Gründen schwierig ist, einen Erfolg zu gewährleisten. Es stellt sich jedoch die Frage, ob diese Interpretation zutreffend ist.

---

dustrie, Diskussionspapier zu Rechts- und Umsetzungsfragen des Lieferkettensorgfaltspflichtengesetzes (LkSG), 18.3.2022.

48 UNLP 14.

49 Vgl. Verband der Chemischen Industrie, Diskussionspapier zu Rechts- und Umsetzungsfragen des Lieferkettensorgfaltspflichtengesetzes (LkSG), 18.3.2022.

50 BT-Drs. 19/30505, S. 37.

51 Vgl. Wagner/Ruttloff, NJW 2021, 2145 ff.

Die Gesetzesbegründung führt insoweit aus:

> "Die Sorgfaltspflichten nach § 3 Absatz 1 regeln eine Due-Diligence, das heißt eine *Verfahrenspflicht*: Unternehmen werden nicht zur Garantie eines Erfolges verpflichtet, sondern zur Durchführung der konkreten Maßnahmen, die in § 3 Absatz 1 aufgelistet sind. Das heißt: Unternehmen haben die genannten Maßnahmen durchzuführen (...) im Rahmen des konkret Machbaren und Angemessenen, nicht aber beispielsweise alle Menschenrechtsrisiken zu verhindern. Die ausdrückliche Benennung des Ziels bringt dies zum Ausdruck.
> In welchem Umfang die Maßnahmen durchgeführt werden müssen, ist nicht starr, sondern abhängig von verschiedenen Faktoren zu beurteilen, die in § 3 Absatz 2 aufgelistet sind. Diese bestimmen für alle Maßnahmen, was in angemessener Weise und im Rahmen dieses risikobasierten Ansatzes getan werden muss.
> Klar ist dabei: von keinem Unternehmen darf etwas rechtlich und tatsächlich Unmögliches verlangt werden. Das Unternehmen hat seine Sorgfaltspflichten erfüllt, auch wenn es seine gesamte Lieferkette nicht nachverfolgen oder bestimmte Präventions- oder Abhilfemaßnahmen nicht vornehmen konnte, weil dies tatsächlich oder rechtlich unmöglich gewesen wäre: Rechtlich Unmögliches bedeutet etwa, dass es mit einem Verhalten gegen geltendes Recht verstoßen würde. Faktisch Unmögliches heißt etwa, dass ein Unternehmen aufgrund fehlender Einflussmöglichkeit (vgl. § 3 Absatz 2 Nummer 2) an seine Grenzen stößt."[52]

Die Frage ist, was diese sprachlich verunglückte Formulierung zum Ausdruck bringen will und in Anbetracht eines teilweise eindeutigen Wortlauts überhaupt bedeuten kann. Es drängt sich der Verdacht auf, dass diese erst spät in die Gesetzesbegründung aufgenommenen Ausführungen im Hinblick auf die vorangegangene intensive Diskussion als "Beruhigungspille" fungieren sollten. Sie können jedoch den Blick auf den zumindest teilweise eindeutigen Gesetzestext (und die ihn informierenden und zu seiner Interpretation heranzuziehenden UNLP[53]) nicht verstellen. So verlangt der Wortlaut des § 6 LkSG nicht nur ein Bemühen um Prävention, sondern effektive Vorbeugung und Vermeidung von Risiken im eigenen Geschäftsbereich wie auch bei unmittelbaren Zulieferern, von denen sogar die vertragliche Zusicherung verlangt wird, dass sie die an sie gerichteten

52 BT-Drs. 19/30505, S. 38 (Hervorh. d. Verf.).
53 UNLP 11, 13, 15, 17, 19.

menschenrechts- und umweltbezogenen Vorgaben einhalten (§ 6 Abs. 4 Ziff. 2 LkSG). Noch deutlicher ist die Formulierung bei den Abhilfemaßnahmen (§ 7 Abs. 1 LkSG), die zumindest teilweise eine Erfolgspflicht beinhalten[54]: Wenn ein Unternehmen eine Verletzung im eigenen Geschäftsbereich feststellt, *hat* es angemessene Abhilfemaßnahmen zu ergreifen, um die Verletzung zu verhindern, zu beenden oder das Ausmaß zu minimieren. Im Inland *muss* die Abhilfemaßnahme *immer* zu einer Beendigung der Verletzung führen, im Ausland im Regelfall. Es geht hier nicht um ein Bemühen, sondern um die zwingend herbeizuführende Beendigung der Verletzung, d.h. einen definierten Erfolg. Zudem *muss* die zuständige Behörde Verstöße gegen die Sorgfaltspflichten nach § 14 Abs. 1 Ziff. 1 b) LkSG nicht nur feststellen, sondern *beseitigen* und *verhindern*. Es geht hier nach dem Wortlaut dieser Vorschriften eindeutig um einen effektiven Erfolg ähnlich wie bei § 1004 BGB.

Ein eindeutiger Gesetzeswortlaut kann jedoch nicht durch Anmerkungen in der Gesetzesbegründung abgeändert werden. Es ist daher im Einzelfall festzustellen, inwiefern die gesetzlichen Vorgaben, die die Sorgfaltspflichten im Einzelnen ausgestalten, einen Erfolg ("beseitigen und verhindern") und nicht nur ein Bemühen um einen Erfolg oder die Einhaltung reiner Verfahrensvorgaben verlangen.

Diese Sicht wird unterstützt durch die vor kurzem ergangene, u.a. auf die UNLP gestützte Shell-Entscheidung[55], die für den eigenen Geschäftsbereich des Shell-Konzerns eine Erfolgspflicht zur Herbeiführung bestimmter Emissionsminderungen statuierte und nur hinsichtlich Kunden und Lieferanten eine "best efforts", d.h. Bemühens-Verpflichtung annimmt. Es ist im Übrigen auch nach den UNLP unzutreffend, das Verständnis der Due Diligence auf reine "Verfahrenspflichten" zu reduzieren. Es ging den UNLP wie auch dem LkSG um die Einführung einer Sorgfaltspflicht, die Verfahrensvorschriften beinhaltet, sich aber nicht in ihnen erschöpft, vielmehr dem Zweck dient, negative Auswirkungen auf die Menschenrechte zu verhindern, zu vermindern oder auszugleichen, d.h. einen Erfolg herbeizuführen.[56]

---

54 Vgl. DAV SN 27/2021, Rn. 3; so auch Grabosch, Das neue Lieferkettensorgfaltspflichtengesetz, 2021, S. 120.

55 Rechtbank Den Haag, Urt. v. 26.5.2021, C/09/571932, https://web.archive.org/web/20210526140024/https://uitspraken.rechtspraak.nl/inziendocument?id=ECLI:NL:RBDHA:2021:5339.

56 Vgl. UNLP 11, 13, 15, 17, 19. Spießhofer, Unternehmerische Verantwortung, 2017, S. 91 ff.

IV. Elemente der Sorgfaltspflicht (§§ 3 – 10 LkSG)

Die in § 3 grundsätzlich und in §§ 4 bis 10 LkSG im Einzelnen ausformulierten wesentlichen Komponenten der Sorgfaltspflicht sind ein auf den UNLP basierendes System aus Risikoerfassung, Prävention, Abhilfe, Rechtsschutz, und Rechenschaftslegung.[57] Es umfasst die Einrichtung eines Risikomanagements (§ 4), die Durchführung von Risikoanalysen (§ 5), Präventionsmaßnahmen im eigenen Geschäftsbereich und gegenüber unmittelbaren Zulieferern (§ 6), das Ergreifen von Abhilfemaßnahmen (§ 7), die Einrichtung eines Beschwerdeverfahrens (§ 8) sowie eine Dokumentations- und Berichtspflicht (§ 10). Die Verpflichtungen sind insofern abgestuft, als Verstöße bei mittelbaren Zulieferern zwar grundsätzlich in das Beschwerdeverfahren einbezogen werden müssen, die sonstigen Verpflichtungen hinsichtlich mittelbarer Zulieferer jedoch anlassbezogen nur greifen sollen, wenn eine substantiierte Kenntnis möglicher Pflichtverletzungen bei mittelbaren Zulieferern vorliegt (§ 9). Die entscheidende Frage wird damit, wann eine "substantiierte Kenntnis" anzunehmen ist.[58]

1. Risikomanagement (§ 4 LkSG)

Risikomanagementsysteme sind grundsätzlich nichts Neues.[59] Gegenstand herkömmlicher Risikomanagementsysteme sind strategische und operative Risiken, jedoch nur solche, die die Geschäftstätigkeit beeinträchtigen und den wirtschaftlichen oder finanziellen Erfolg des Unternehmens gefährden, d.h. sie erfassen die inhärenten und die "inbound" Risiken. Die Zielrichtung der UNLP und, ihnen folgend, des LkSG erfasst jedoch zusätzlich den Rechtsschutz Dritter, d.h. "outbound"-Risiken.[60] Es geht nicht nur um die aus Menschen- und Umweltverstößen folgenden Risiken für das Unternehmen, sondern, zumindest auch, um die Vermeidung negativer Auswirkungen auf Menschen und Umwelt, die vom Unternehmen

---

57 Eingehend Grabosch, Das neue Lieferkettensorgfaltspflichtengesetz, 2021, S. 119 ff; kritische Analyse in Verband der Chemischen Industrie, Diskussionspapier zu Rechts- und Umsetzungsfragen des Lieferkettensorgfaltspflichtengesetzes (LkSG), 18.3.2022.

58 Vgl. Grabosch, Das neue Lieferkettensorgfaltspflichtengesetz, 2021, S. 51 ff.

59 Vgl. IDW 980, 981; ISO 19600.

60 Vgl. Deutsche Corporate Governance Kodex Kommission, Begründung der am 28.4.2022 beschlossenen Änderungen, S. 3, https://www.dcgk.de/files/dcgk/usercontent/de/download/kodex/220517_Begruendung_DCGK_2022.pdf.

ausgehen, um Human Rights Impact Assessment. Daher sind herkömmliche Risikomanagement- und Compliancesysteme zwar notwendig, aber nicht hinreichend zur Erfüllung der LkSG-Verpflichtungen. Sie müssen vielmehr "aufgerüstet" werden.[61]

§ 4 LkSG gibt die Grundanforderungen an ein Risikomanagementsystem nach dem LkSG vor: Das Risikomanagement muss *angemessen* und *wirksam* hinsichtlich der Einhaltung der Sorgfaltspflichten sein. Es ist in allen maßgeblichen Geschäftsabläufen zu verankern. Es müssen eindeutige Zuständigkeiten innerhalb des Unternehmens für die Überwachung des Risikomanagements geschaffen werden und die Geschäftsleitung muss sich regelmäßig über die Arbeit der zuständigen Personen informieren. Sowohl bei der Errichtung als auch bei der Umsetzung des Risikomanagementsystems hat das Unternehmen Stakeholderinteressen angemessen zu berücksichtigen. Die Stakeholderdefinition erfasst die Beschäftigten des Unternehmens und seiner Lieferketten sowie diejenigen, die durch das wirtschaftliche Handeln des Unternehmens oder seiner Lieferkettenunternehmen in einer geschützten Rechtsposition unmittelbar betroffen sein können. Damit wird die Definition auf die potentiell Betroffenen konzentriert. Organisationen, die auf das Unternehmen einwirken können, wie zivilgesellschaftliche Organisationen werden nicht erfasst. In Anbetracht der Weite des Kreises der Stakeholder stellt sich die Frage, wie relevante Stakeholder identifiziert und ihre potentielle unmittelbare Betroffenheit festgestellt werden soll.[62] Eine förmliche Stakeholderbeteiligung ist nicht vorgesehen.

§ 4 Abs. 2 LkSG beschreibt, wann Maßnahmen als "wirksam" anzusehen sind: wenn sie ermöglichen, Risiken zu erkennen und zu minimieren, Verletzungen zu verhindern, zu beenden, oder deren Ausmaß zu minimieren – "wenn das Unternehmen diese Risiken oder Verletzungen innerhalb der Lieferkette verursacht oder dazu beigetragen hat". Diese Formulierung ist unverständlich. Die UNLP knüpfen an Verursachung und Beitrag die Verpflichtung zu Vermeidung oder Abhilfe.[63] Dies hat jedoch mit der Wirksamkeit der Maßnahmen nichts zu tun.

---

61 Vgl. Grabosch, Das neue Lieferkettensorgfaltspflichtengesetz, 2021, S. 127 ff.
62 Vgl. Grabosch, Das neue Lieferkettensorgfaltspflichtengesetz, 2021, S. 137 f.
63 Vgl. UNLP 13 (a).

2. Risikoanalyse (§ 5 LkSG)

Im eigenen Geschäftsbereich und bei unmittelbaren Zulieferern hat das Unternehmen eine "angemessene" Risikoanalyse durchzuführen. Die ermittelten Risiken sind nach den in § 3 Abs. 2 LkSG benannten Kriterien angemessen zu gewichten und zu priorisieren. Die Ergebnisse der Risikoanalyse müssen den maßgeblichen Entscheidungsträgern, etwa dem Vorstand oder der Einkaufsabteilung mitgeteilt werden. Die Risikoanalyse muss jährlich sowie anlassbezogen durchgeführt werden, wenn das Unternehmen mit einer wesentlich veränderten oder erweiterten Risikolage in der Lieferkette rechnen muss.[64]

3. Präventionsmaßnahmen (§ 6 LkSG)

Stellt ein Unternehmen im Rahmen der Risikoanalyse ein Risiko fest, hat es unverzüglich die in Abs. 2 – 4 umschriebenen Präventionsmaßnahmen zu ergreifen. Dazu gehört, dass die Unternehmensleitung eine *Grundsatzerklärung* über ihre Menschenrechtsstrategie abzugeben hat, die mindestens das Verfahren beschreiben muss, mit dem das Unternehmen seinen Sorgfaltspflichten nachkommt, sowie die prioritären menschen- und umweltrechtlichen Risiken und die aufgrund der Risikoanalyse erfolgte Festlegung der menschenrechts- und umweltbezogenen Erwartungen, die das Unternehmen an seine Beschäftigten und Zulieferer in der Lieferkette hat.

Das Unternehmen muss angemessene Präventionsmaßnahmen im *eigenen Geschäftsbereich* verankern, insbesondere die in der Grundsatzerklärung dargelegte Menschenrechtsstrategie umsetzen, geeignete Beschaffungsstrategien implementieren sowie Schulungen und Kontrollmaßnahmen durchführen (§ 6 Abs. 3 LkSG).

Zudem muss das Unternehmen Präventionsmaßnahmen gegenüber *unmittelbaren Zulieferern* verankern, insbesondere bei der Auswahl der Zulieferer sich von den definierten Erwartungen leiten lassen. Von zentraler Bedeutung ist die vertragliche Zusicherung des unmittelbaren Zulieferers, dass er die definierten Erwartungen einhält und entlang der Lieferkette "angemessen adressiert". Insoweit sind AGB-rechtliche Vorgaben zu beachten.[65] Flankiert werden diese Verpflichtungen durch Schulungen und vertraglich zu vereinbarende Kontrollmechanismen. Die Überprüfung der

---

64 Vgl. Grabosch, Das neue Lieferkettensorgfaltspflichtengesetz, 2021, S. 139 ff.
65 Vgl. Spießhofer/Graf von Westphalen, BB 2015, 75 ff.

Wirksamkeit der Präventionsmaßnahmen muss jährlich sowie anlassbezogen erfolgen.

4. *Abhilfemaßnahmen (§ 7 LkSG)*

Stellt das Unternehmen fest, dass eine Pflichtverletzung im eigenen Geschäftsbereich oder bei einem unmittelbaren Zulieferer eingetreten ist oder unmittelbar bevorsteht, hat es unverzüglich angemessene Abhilfemaßnahmen zu ergreifen um die Verletzung zu verhindern, zu beenden oder das Ausmaß zu minimieren. Im eigenen Geschäftsbereich im Inland *muss* die Abhilfe zur Beendigung führen, im Ausland im Regelfall. Eine Pflichtverletzung bei einem unmittelbaren Zulieferer muss in absehbarer Zeit beendet werden. Ansonsten muss das Unternehmen unverzüglich ein Konzept zur Beendigung oder Minimierung einschließlich eines konkreten Zeitplans (Corrective Action Plan) erstellen und umsetzen. Als ultima ratio ist der Abbruch der Geschäftsbeziehung unter bestimmten Voraussetzungen geboten. Die Überprüfung der Wirksamkeit der Abhilfemaßnahmen muss jährlich und anlassbezogen erfolgen.

5. *Beschwerdeverfahren (§ 8 LkSG)*

Flankierend zu den vorgenannten Maßnahmen hat das Unternehmen ein unternehmensinternes Beschwerdeverfahren einzurichten oder sich alternativ an einem externen Verfahren zu beteiligen. Das Verfahren kann mit bestehenden oder nach der EU-Whistleblowing-Richtlinie[66] einzurichtenden Whistleblowing Verfahren verbunden werden.[67] Das Unternehmen muss über das Beschwerdeverfahren informieren und die Verfahrensordnung öffentlich zugänglich machen. Das Verfahren muss für alle zugänglich sein, die Vertraulichkeit wahren sowie einen Schutz vor Benachteiligung vorsehen. Der Eingang einer Beschwerde muss förmlich bestätigt werden. Die durchführenden Personen müssen unparteiisch, unabhängig und nicht weisungsgebunden sein. Auch insoweit ist eine jährliche und anlassbezogene Überprüfung der Wirksamkeit vorgesehen.

---

66 RL (EU) 2019/1937 v. 23.10.2019, ABl EU L 305 v. 26.11. 2019, S. 17.

67 Vgl. Grabosch, Das neue Lieferkettensorgfaltspflichtengesetz, 2021, S. 162 ff.

6. Dokumentations- und Berichtspflicht (§ 10 LkSG)

Die Erfüllung der Sorgfaltspflichten ist unternehmensintern fortlaufend zu dokumentieren. Das Unternehmen hat jährlich Bericht über die Erfüllung der Sorgfaltspflichten zu erstatten, wobei das Unternehmen mindestens darzulegen hat, welche Risiken oder Verletzungen es identifiziert hat, was das Unternehmen zur Erfüllung seiner Sorgfaltspflicht unternommen hat, wie es die Wirksamkeit der Maßnahmen bewertet und welche Schlüsse es daraus für künftige Maßnahmen zieht. Insoweit wird öffentliche Rechenschaftslegung verlangt, die zu Selbstinkriminierung führen kann.

V. Fazit und Ausblick

Die durch das LkSG eingeführte menschenrechtliche und umweltbezogene Sorgfaltspflicht wirft sowohl im Grundsätzlichen wie im Detail viele Fragen auf, die einer Klärung durch die Gerichte und die zuständigen Behörden im Rahmen der Verordnungsermächtigungen und der Handreichungen bedürfen und durch Best Practices weiter ausformuliert werden müssen. Der Entwurf der EU Corporate Sustainability Due Diligence Richtlinie[68] greift die konzeptionellen Grundkonstellationen des LkSG auf. Allerdings enthält er durchaus signifikante Abweichungen[69], die zu einer Anpassung und Überarbeitung des LkSG führen werden.

68 Vorschlag für eine Richtlinie über die Sorgfaltspflichten von Unternehmen im Hinblick auf Nachhaltigkeit und zur Änderung der Richtlinie (EU) 2019/1937 vom 23.3.2022.

69 Dazu eingehend Nietsch/Wiedmann, CCZ 2022, 125 ff; Hübner/Habrich/Weller, NZG 2022, 644 ff.

Behördliche Kontrolle und Durchsetzung der Pflichten des Lieferkettensorgfaltspflichtengesetzes

Dr. Thomas Voland, Laura-Isabell Dietz [1]

A. *Einleitung*

Das Gesetz über die unternehmerischen Sorgfaltspflichten zur Vermeidung von Menschenrechtsverletzungen in Lieferketten (Lieferkettensorgfaltspflichtengesetz – LkSG)[2] sieht vor, dass die Einhaltung der in §§ 3 ff. LkSG geregelten Sorgfaltspflichten primär durch behördliche Maßnahmen zu überwachen und durchzusetzen ist. Es unterscheidet sich damit von dem französischen Sorgfaltspflichtengesetz[3], das eine (zivil-) gerichtliche Überprüfung seiner Pflichten vorsieht.[4] Hingegen ist der Vorschlag der Europäischen Kommission für eine Richtlinie zur unternehmerischen Nachhaltigkeit[5] differenzierter. Er regelt eine Reihe behördlicher Aufgaben und Befugnisse. Ferner verlangt er die Möglichkeit zivilrechtlicher

1 Der Autor *Voland* ist Partner, die Autorin *Dietz* Associate im Bereich Öffentliches Wirtschaftsrecht, Völker- und Europarecht der internationalen Anwaltskanzlei Clifford Chance.

2 BGBl. I 2021, S. 2959.

3 Loi n° 2017–399 du 27 mars 2017 relative au devoir de vigilance des sociétés mères et des entreprises donneuses d'ordre ("Loi de Vigilance"), Journal officiel électronique authentifié n° 0074 du 28/03/2017, abrufbar unter: https://www.legifrance.gouv.fr/download/pdf?id=9aawcYcwvkntYs2UUCMWL4iX_erjixoTD_Jy3AVXRFk=.

4 S. Art. 2 Abs. 2 Loi de Vigilance: "L'action en responsabilité est introduite devant la juridiction compétente par toute personne justifiant d'un intérêt à agir à cette fin." – Näher dazu *Gambert, S. 123 ff.*

5 Vorschlag für eine Richtlinie des Europäischen Parlaments und des Rates über die Sorgfaltspflichten von Unternehmen im Hinblick auf Nachhaltigkeit und zur Änderung der Richtlinie (EU) 2019/1935 vom 23.2.2022, COM(2022) 71 final; abrufbar unter https://eur-lex.europa.eu/resource.html?uri=cellar:bc4dcea4-9584-11ec-b4e4-01aa75ed71a1.0007.02/DOC_1&format=PDF ("Richtlinienentwurf zur unternehmerischen Nachhaltigkeit").

Klagen, sieht aber auch behördliche Sanktionen als wesentliche Mittel zur Durchsetzung der Sorgfaltspflichten vor.[6]

Zwar kommt bei Verstößen gegen das LkSG eine allgemeine zivilrechtliche Haftung, etwa nach in- oder ausländischen deliktsrechtlichen Regeln, in Betracht.[7] Diese kann prozessual durch die in § 11 LkSG vorgesehene Prozessstandschaft deutscher Gewerkschaften und Nichtregierungsorganisationen ggf. erleichtert durchgesetzt werden. Eine spezifische, allein auf Verletzungen des LkSG ausgerichtete zivilrechtliche Haftung, die entsprechend gerichtlich durchgesetzt werden könnte, hat der Gesetzgeber jedoch nach intensiver politischer Debatte explizit ausgeschlossen.[8]

Da die allgemeine zivilrechtliche Haftung für die Durchsetzung des LkSG nur begrenzt wirksam erscheint, liegt der Schwerpunkt in der behördlichen Kontrolle, Vollzugsaktivität und Sanktionierung. Als zuständige Behörde sieht § 19 Abs. 1 Satz 1 LkSG das Bundesamt für Wirtschaft und Ausfuhrkontrolle (BAFA) vor (hierzu B.). Dieses kann sowohl ex officio als auch aufgrund von Beschwerden tätig werden und eine "risikobasierte Kontrolle" ausüben (C.). Dazu stehen ihm verschiedene Befugnisse zur Verfügung (D.). Im Falle von Verstößen gegen das LkSG kann das BAFA Bußgelder verhängen (E.). Ferner kommen weitere Maßnahmen, wie ein Ausschluss von öffentlichen Vergaben in Betracht (F.). Gegen Maßnahmen des BAFA steht der Rechtsweg offen (G.).

Die behördliche Durchsetzung der Pflichten des LkSG wirft verfassungsrechtliche Bedenken auf. Insbesondere sind einige der Bußgeldtatbestände zu unbestimmt. Es erscheint auch zweifelhaft, dass eine Umsetzung der zu erwartenden EU-Richtlinie für unternehmerische Sorgfaltspflichten mehr Klarheit bringen wird. In jedem Fall wird diese Richtlinie zu Änderungen an dem LkSG führen, auch wenn viele der Regelungen über die Zuständigkeit, Aufgaben und Befugnisse des BAFA im Kern fortbestehen könnten (H.).

---

6 Art. 20 und 22 Richtlinienentwurf zur unternehmerischen Nachhaltigkeit, COM (2022) 71 final; vgl. *König*, Die geplante EU-Richtlinie über Nachhaltigkeitspflichten von Unternehmen, NZG 2022, 1186 (1186).

7 Siehe § 3 Abs. 3 Satz 2 LkSG; *Sagan/Schmidt*, Das Lieferkettensorgfaltspflichtengesetz, NZA-RR 2022, 281 (283).

8 Siehe § 3 Abs. 3 Satz 1 LkSG; *Gehling/Ott/Lüneborg*, Das neue Lieferkettengesetz – Umsetzung in der Unternehmenspraxis, CCZ 2021, 230 (239).

B. Zuständige Behörde

Gemäß § 14 Abs. 1 i.V.m. § 19 Abs. 1 S. 1 LkSG ist das BAFA zuständige Behörde für die Kontrolle und Durchsetzung der Pflichten nach dem LkSG.

Zur Erfüllung seiner Aufgaben nach dem LkSG hat das BAFA bereits Ende 2021 verkündet, zwei neue Außenstellen in Borna (Sachsen) und Merseburg (Sachsen-Anhalt) einzurichten.[9] Der Ausbau dieser Dienststellen soll bis zum Inkrafttreten des LkSG am 1. Januar 2023 abgeschlossen sein. Mit der Einrichtung dieser beiden Standorte kommt die Bundesregierung nicht nur ihren Verpflichtungen nach dem LkSG nach, sondern erfüllt auch ihre Zusage, durch den (Braun-) Kohleausstieg vom Strukturwandel besonders betroffene Regionen wirtschaftlich zu fördern.[10]

Die Gesetzesbegründung zum LkSG sieht die Schaffung von 65 Vollzeitstellen zur Erfüllung der Aufgaben nach dem LkSG vor, wobei die Aufgaben zu 30 % von Personen im höheren Dienst, zu 50 % von Personen im gehobenen Dienst und zu 20 % von Personen im mittleren Dienst wahrgenommen werden sollen.[11] Gemessen an den umfangreichen Aufgaben, die das LkSG dem BAFA zuordnet, erscheint diese geplante Aufstockung als nicht ausreichend, um den Pflichten des BAFA in angemessener Weise gerecht zu werden.

Die Rechts- und Fachaufsicht über das BAFA obliegt dem Bundesministerium für Wirtschaft und Klimaschutz (BMWK), das im Einvernehmen mit dem Bundesministerium für Arbeit und Soziales (BMAS) handelt. In Ergänzung zur Aufsicht durch das BAFA verleiht das LkSG dem BMAS an diversen Stellen die Kompetenz, im Einvernehmen mit dem BMWK, aber ohne Zustimmung des Bundesrates, Rechtsverordnungen zu erlassen, welche die Vorschriften des LkSG konkretisieren sollen. So ermächtigt beispielsweise § 13 Abs. 3 LkSG dazu, das Verfahren zur Einreichung der jähr-

---

9 Bundesamt für Wirtschaft und Ausfuhrkontrolle erhält zwei neue Standorte in Borna (Sachsen) und Merseburg (Sachsen-Anhalt), Gemeinsame Pressemitteilung vom 1. November 2021, abrufbar hier: https://www.bafa.de/SharedDocs/Pressemitteilungen/DE/Bundesamt/2021_23_neue_standorte.html.

10 Bundesamt für Wirtschaft und Ausfuhrkontrolle erhält zwei neue Standorte in Borna (Sachsen) und Merseburg (Sachsen-Anhalt), Gemeinsame Pressemitteilung vom 1. November 2021, abrufbar hier: https://www.bafa.de/SharedDocs/Pressemitteilungen/DE/Bundesamt/2021_23_neue_standorte.html.

11 Entwurf eines Gesetzes über die unternehmerischen Sorgfaltspflichten in Lieferketten, Gesetzentwurf der Bundesregierung, BT-Drs. 19/28649 vom 19. April 2021 (*Gesetzentwurf*), S. 2.

lichen Berichte der Unternehmen[12] sowie die entsprechende Kontrolle dieser Berichte näher zu regeln. Diese vom Gesetzgeber vorgegebene Aufgabenteilung und Zusammenarbeit zwischen dem BAFA, dem BMWK und dem BMAS macht auch die politische Bedeutung des LkSG und seiner Auswirkungen deutlich.[13] In den vom BMAS veröffentlichten Fragen und Antworten zum Lieferkettengesetz (FAQ zum LkSG)[14] stellt das BMAS jedoch klar, dass aktuell kein Erlass entsprechender Rechtsverordnungen geplant sei.[15]

C. *Aufgaben und Tätigwerden des BAFA*

Das BAFA ist dafür zuständig, die Einhaltung der unternehmerischen Sorgfaltspflichten nach dem LkSG zu kontrollieren und – im Falle der Nichteinhaltung – Verstöße festzustellen, zu beseitigen und zu verhindern.[16] Bei der Erfüllung seiner Aufgaben verfolgt das BAFA einen risikobasierten Ansatz (I.) Dabei wird das BAFA gemäß § 14 Abs. 1 LkSG entweder *ex officio* (II.) oder auf Antrag (III.) tätig.

I. *Risikobasierter Ansatz*

§ 19 Abs. 2 LkSG ordnet an, dass das BAFA bei der Erfüllung seiner Aufgaben einen risikobasierten Ansatz verfolgt. Laut der Gesetzesbegründung bedeutet dies, dass das BAFA nicht lediglich stichprobenartige Kontrollen vornehmen, sondern sich zunächst auf Fälle mit den schwersten Risiken konzentrieren soll.[17] Ferner deutet die Gesetzesbegründung darauf hin, dass das BAFA ein behördeninternes Prüfkonzept aufstellen muss, um den risikobasierten Ansatz in die Praxis umzusetzen.[18] Dabei ist es laut der Ge-

12 Vgl. §§ 10 Abs. 2, 12 bis 13 LkSG.

13 § 19 Abs. 1 Satz 2, 3 LkSG; *Brouwer*, Noch viele offene Rechts- und Auslegungsfragen zum Lieferkettensorgfaltspflichtengesetz – Hinweise zum VCI-Diskussionspapier zur Umsetzung des LkSG, CCZ 2022, 137 (138).

14 Fragen und Antworten zum Lieferkettengesetz, Stand: 28. April 2022, abrufbar unter https://www.csr-in-deutschland.de/DE/Wirtschaft-Menschenrechte/Gesetz-ueber-die-unternehmerischen-Sorgfaltspflichten-in-Lieferketten/FAQ/faq.html.

15 Ziff. XVI.3. FAQ zum LkSG.

16 § 14 Abs. 1 i.V.m. § 19 Abs. 1 Satz 1 LkSG.

17 Gesetzentwurf S. 56.

18 Gesetzentwurf S. 56.

setzesbegründung denkbar, dass das BAFA einen Teil seiner Ressourcen darauf verwendet, den substantiierten Hinweisen Dritter nachzugehen oder dass es turnusmäßig bestimmte Branchen in den Blick nimmt, welche ihrer Natur nach besondere Risken für Menschenrechte und umweltbezogene Pflichten bergen.[19]

Nähere Hinweise zur Gewichtung der Risiken enthalten der Gesetzeswortlaut und die Gesetzesbegründung nicht. Im Sinne der Rechtssicherheit erschiene es sinnvoll, wenn das BAFA eine vergleichbare Risikogewichtung anwenden würde, wie das LkSG sie von den Unternehmen verlangt. Damit gäbe es einen einheitlichen Standard und die Unternehmen könnten die Erwartungen des BAFA sowie dessen Vollzugstätigkeit besser einschätzen. Die Vorgaben an die Unternehmen zur Gewichtung und Priorisierung von Risiken ergeben sich insbesondere aus § 5 Abs. 2 i.V.m. § 3 Abs. 2 LkSG. Danach müssen die Unternehmen Art und Umfang ihrer Geschäftstätigkeit, ihr Einflussvermögen, die Schwere, Unumkehrbarkeit und Wahrscheinlichkeit von Verletzungen sowie ihren Verursachungsbeitrag berücksichtigen.[20]

Darüber hinaus ermächtigt § 14 Abs. 2 LkSG das BMAS im Einvernehmen mit dem BMWK, das Verfahren der risikobasierten Kontrolle durch Rechtsverordnung näher zu regeln. Anders als die meisten Vorschriften des LkSG ist diese Ermächtigung zum Erlass von Rechtsverordnungen bereits mit Wirkung zum 23. Juli 2021 in Kraft getreten,[21] was den zuständigen Ministerien die Möglichkeit eröffnet, bereits vor dem 1. Januar 2023 entsprechende Rechtsverordnungen zu erlassen. Wie jedoch bereits oben unter B. erwähnt, plant das BMAS zum jetzigen Zeitpunkt keinen Erlass derartiger Rechtsverordnungen und vergibt somit die Chance, Rechtssicherheit sowohl für das BAFA als auch für die betroffenen Unternehmen zu schaffen.

II. Tätigwerden ex officio

Gemäß § 14 Abs. 1 Nr. 1 LkSG wird das BAFA zunächst von Amts wegen nach pflichtgemäßem Ermessen tätig, um die Einhaltung der Sorgfalts-

---

19 Gesetzentwurf S. 56.

20 S. dazu auch BAFA, Risiken ermitteln, gewichten und priorisieren: Handreichung zur Umsetzung einer Risikoanalyse nach den Vorgaben des Lieferkettensorgfaltspflichtengesetzes, 1. Aufl. August 2022, S. 19 und passim; *Sagan/Schmidt*, Das Lieferkettensorgfaltspflichtengesetz, NZA-RR 2022, 281 (282).

21 BGBl. I 2021, S. 2959.

pflichten nach den §§ 3 bis 10 Abs. 1 LkSG im Hinblick auf mögliche menschenrechtliche und umweltbezogene Risiken sowie Verletzungen einer menschenrechtsbezogenen oder umweltbezogenen Pflicht zu kontrollieren und um Verstöße gegen die Pflichten nach §§ 3 bis 10 Abs. 1 LkSG festzustellen, zu beseitigen und zu verhindern.

Der ausdrückliche Hinweis darauf, dass das BAFA nach pflichtgemäßem Ermessen von Amts wegen tätig werden muss, zeigt zum einen, dass das BAFA ein Entschließungsermessen hat. Zum anderen spiegelt er den bereits oben unter I. dargestellten risikobasierten Ansatz wider. Danach hat das BAFA auch ein Auswahlermessen. Es kann also entscheiden, ob es überhaupt tätig wird und, falls ja, in welcher Form. Bei der Ausübung dieses Ermessens hat das BAFA insbesondere die durch das LkSG geschützten Belange nach § 2 Abs. 1 und Abs. 3 LkSG sowie deren Bedeutung für die Lieferkette und für die betroffenen Personen im Einzelfall in den Blick zu nehmen.[22] In diesem Zusammenhang hat das BAFA allerdings zu beachten, dass die Kontrolle von Amts wegen präventive aufsichtsrechtliche Zwecke zum Schutz der betroffenen Rechtspositionen und Gemeinwohlbelange verfolgen und nicht lediglich der Vorbereitung eines möglichen Bußgeldverfahrens dienen soll.[23]

Im Hinblick auf die geringe Zahl an Stellen, die laut Gesetzesbegründung für die Anwendung des LkSG geschaffen werden sollen (65 Vollzeitstellen), wird das BAFA gerade im Rahmen der Prävention sehr selektiv vorgehen und die größten Risiken priorisieren müssen. Es ist daher anzunehmen, dass das BAFA sich bei seiner ex-officio-Überwachung hauptsächlich auf solche Unternehmen beschränken wird, die in risikobehafteten Branchen, wie z.B. der Textil- oder Rohstoffindustrie, tätig sind.

III. Tätigwerden auf Antrag

Die deutlich größere Rolle dürfte in der Praxis das Tätigwerden auf Antrag spielen. Gemäß § 14 Abs. 1 Nr. 2 LkSG wird das BAFA tätig, wenn die antragstellende Person substantiiert geltend macht, dass sie infolge der Nichterfüllung einer unternehmerischen Sorgfaltspflicht nach §§ 3 bis 9 LkSG in einer geschützten Rechtsposition verletzt wurde oder dass eine solche Verletzung unmittelbar bevorsteht. Sind diese formalen Voraussetzungen an den Antrag nach § 14 Abs. 1 Nr. 2 LkSG erfüllt, reduziert sich das Ent-

22 Vgl. Gesetzentwurf S. 54.
23 Gesetzentwurf S. 54.

schließungsermessen des BAFA auf Null, d.h. es ist verpflichtet, tätig zu werden.[24] Lediglich die Wahl der zu ergreifenden Mittel liegt dann noch in seinem Ermessen.[25] Diese Herangehensweise wird in der Praxis regelmäßig dazu führen, dass es zu einem sogenannten "*private public enforcement*" kommen wird, wonach Privatpersonen das BAFA mit Hilfe des Mechanismus des § 14 Abs. 1 Nr. 2 LkSG dazu bringen können, gegen Unternehmen wegen einer möglichen Nichterfüllung der Sorgfaltspflichten vorzugehen.[26]

Angesichts dieser Bedeutung eines Tätigwerdens auf Antrag ist es bedenklich, dass es nicht hinreichend klar ist, welche Personen antragsbefugt sind (1.) und welche (formellen) Anforderungen an den Antrag selbst zu stellen sind (2.).

1. *Antragsbefugnis*

Der Gesetzeswortlaut des § 14 Abs. 1 Nr. 2 LkSG verlangt für die Antragsbefugnis, dass eine (unmittelbar bevorstehende) eigene Verletzung in Rechtspositionen aufgrund der Verletzung von LkSG-Pflichten substantiiert geltend gemacht werden kann.

a. Eigene Rechts(guts)verletzung

Die erste Voraussetzung besteht darin, dass eine individuelle Rechtsverletzung in Betracht kommt. Der Antragsteller kann nicht Rechte Dritter geltend machen. Dies folgt aus dem Wortlaut von Nr. 2 lit. a), der eine Geltendmachung des "Verletztseins" verlangt. Damit scheidet eine Antragstellung im Interesse Dritter aus. Somit können etwa Gewerkschaften oder NGOs nicht anstelle von (angeblich) Geschädigten den Antrag stellen. Dies bestätigt auch ein Vergleich zu der Prozessstandschaft in § 11 LkSG, die nur im Rahmen des gerichtlichen Vorgehens vorgesehen ist. Allerdings kommt eine Unterstützung der Antragsteller durch Dritte in Betracht (z.B. Hilfe bei Sammlung von Beweisen, Formulierung des Antragsschreibens,

---

24 Gesetzentwurf S. 54.

25 Gesetzentwurf S. 54.

26 So auch *Kamann/Irmscher*, Das Sorgfaltspflichtengesetz – Ein neues Sanktionsrecht für Menschenrechts- und Umweltverstöße in Lieferketten, NZWiSt 2021, 249 (251); *Sagan/Schmidt*, Das Lieferkettensorgfaltspflichtengesetz, NZA-RR 2022, 281 (282).

Übersetzungen, etc.).[27] Darüber hinaus können laut Gesetzesbegründung auch juristische Personen, Personenvereinigungen oder Gremien von den Wirtschaftsaktivitäten eines Unternehmens betroffen sein, *"sofern sie vom persönlichen Schutzbereich der Menschenrechte gemäß § 2 Abs. 1 erfasst sind"*.[28] Dies spricht dafür, dass juristische Personen dann selbst antragsbefugt sind, wenn sie geltend machen können, in ihren eigenen Rechten verletzt zu sein. Eine solche Selbstbetroffenheit könnte beispielsweise bei Gewerkschaften dann vorliegen, wenn die Sorgfaltspflichtverletzung zu einer Verletzung der Koalitionsfreiheit nach § 2 Abs. 2 Nr. 6 LkSG führt. Hingegen dürfte eine Selbstbetroffenheit nicht vorliegen, wenn ein Unternehmen evtl. gegen eines oder mehrere der in § 2 Abs. 3 LkSG aufgeführten Umweltabkommen verstößt und eine Umweltorganisation diesen Verstoß geltend macht. Denn in diesem Fall verfolgt die Organisation zwar den Schutz der Umwelt, eine Verletzung der genannten Abkommen verletzt sie aber nicht in ihren eigenen Rechten als Organisation. Im Ergebnis dürfte das Tätigwerden auf Antrag daher in aller Regel (allein) auf den Schutz von Menschenrechten gerichtet sein, die allerdings auch Umweltbezüge aufweisen können (s. § 2 Abs. 2 Nr. 9 LkSG).

b. Aufgrund von Verstößen gegen das LkSG

Darüber hinaus setzt § 14 Abs. 1 Nr. 2 LkSG voraus, dass die Rechts(guts)verletzung auf dem Verstoß gegen LkSG-Pflichten basiert. Es reicht also nicht aus, dass ein Antragsteller etwa geltend macht, dass Arbeitsschutzstandards nicht eingehalten sind (vgl. § 2 Abs. 2 Nr. 5 LkSG). Vielmehr muss diese Nichteinhaltung aus einer Verletzung von LkSG-Pflichten resultieren, also beispielsweise der ungenügenden Kontrolle und Durchsetzung von Arbeitsschutzmaßnahmen bei unmittelbaren Zulieferern trotz entsprechender Einflussmöglichkeiten.

27 Dabei müssen die Anforderungen und Grenzen des Rechtsdienstleistungsgesetzes beachtet werden. Vgl. hierzu etwa *Geis*, in: Schoch/Schneider, Verwaltungsrecht, Werkstand: 2. EL April 2022, § 14 VwVfG Rn. 35.

28 Gesetzentwurf S. 54.

c. Substantiierte Geltendmachung

Schließlich verlangt die Antragsbefugnis, dass die eigene Rechtsverletzung infolge von Verstößen gegen das LkSG substantiiert geltend gemacht wird.

Das LkSG selbst enthält nur wenige Anhaltspunkte für die Frage, ab wann eine potenzielle Rechtsverletzung hinreichend substantiiert geltend gemacht wurde. Die Ausführungen in der Gesetzesbegründung deuten jedoch darauf hin, dass an die Substantiierung keine zu hohen Anforderungen gestellt werden.[29] So führt die Gesetzesbegründung aus, dass die Antragsbefugnis gegeben ist, "*wenn zumindest möglich oder nicht von vorneherein auszuschließen ist, dass die Verletzung einer Rechtsposition infolge einer Sorgfaltspflichtverletzung gegeben ist oder eine solche Verletzung unmittelbar bevorsteht.*"[30] Die Darlegungslast hierfür trägt die antragstellende Person, wobei die Möglichkeit der Rechtsverletzung bzw. ihres unmittelbaren Bevorstehens "*in dem nach den etablierten Grundsätzen erforderlichen Maß geltend zu machen ist.*"[31] Eine Erläuterung, auf welche "etablierten Grundsätze" hier abgestellt werden soll, bleibt die Gesetzesbegründung jedoch schuldig.

Der Wortlaut in der Gesetzesbegründung, der auf die Möglichkeit einer Rechtsgutsverletzung abstellt, lässt jedoch deutliche Parallelen zu der sog. Möglichkeitstheorie erkennen, mit der im Rahmen des § 42 Abs. 2 VwGO eine Befugnis zur Erhebung von Anfechtungs- und Verpflichtungsklagen im Verwaltungsprozessrecht ermittelt wird. Danach genügt weder eine bloße Behauptung der Rechtsverletzung noch ist es aber erforderlich, dass der Kläger eine tatsächliche Rechtsverletzung nachweist oder schlüssig darlegt. Vielmehr muss der Kläger Tatsachen vorbringen, die eine Verletzung in eigenen Rechten als möglich erscheinen lassen.[32] Hingegen ist eine Klage nach der Rechtsprechung des Bundesverwaltungsgerichts zumindest dann unzulässig, "*wenn offensichtlich und nach keiner Betrachtungsweise die vom Kläger behaupteten Rechte bestehen oder ihm zustehen können.*"[33]

Übertragen auf die Antragsbefugnis gemäß § 14 Abs. 1 Nr. 2 LkSG bedeutet dies, dass die antragstellende Person anhand von Tatsachen die

---

29 Siehe auch *Wagner/Ruttloff*, Das Lieferkettensorgfaltspflichtengesetz – Eine erste Einordnung, NJW 2021, 2145 (2150).

30 Gesetzentwurf S. 54.

31 Gesetzentwurf S. 54.

32 BVerwG, Beschl. v. 21.7.2014 – 3 B 70/13 (OVG Lüneburg), Rn. 18; *BVerwG*, Buchholz 442.09 § 18 AEG Nr. 18 = NVwZ 1997, 994

33 BVerwGE 18, 154, 157; 36, 192, 199 f.; 44, 1, 3; 65, 167, 171; BVerfGE 83, 182, 196:

Möglichkeit darlegen muss, dass sie durch eine Sorgfaltspflichtverletzung in einer bestehenden und ihr zustehenden Rechtsposition verletzt sein könnte oder diese Verletzung unmittelbar bevorsteht.

In diesem Zusammenhang gibt der Gesetzgeber in der Begründung noch zwei Beispiele, in denen eine Rechtsgutsverletzung regelmäßig möglich erscheint (und somit substantiiert geltend gemacht werden könnte). Zum einen dürfte der Antrag in der Regel dann substantiiert sein, "*wenn nicht ausgeschlossen werden kann, dass die antragstellende Person als Beschäftigte oder Beschäftigter des zu überprüfenden Unternehmens oder dessen unmittelbaren oder mittelbaren Zulieferers in ihren Rechten verletzt wurde oder eine solche Verletzung bevorsteht.*"[34] Zum anderen sollen auch solche Personen erfasst sein, die in sonstiger Weise mit den wirtschaftlichen Tätigkeiten des zu überprüfenden Unternehmens oder einem seiner unmittelbaren und mittelbaren Zulieferer betroffen sind.[35] Hierunter fallen laut der Gesetzesbegründung insbesondere "*Anwohnende, die etwa durch Umweltverschmutzungen in ihren durch dieses Gesetz geschützten Rechtspositionen verletzt werden.*"[36]

D. Befugnisse des BAFA

Das BAFA hat zunächst die Befugnis, sich Informationen zu beschaffen und weitere konkrete Maßnahmen anzuordnen (I). Darüber hinaus ist es berechtigt und verpflichtet, die jährlichen Berichte der Unternehmen nach § 10 Abs. 2 LkSG einer (formalen) Prüfung zu unterziehen (II.). Seine Befugnisse kann das BAFA mittels Verwaltungszwang durchsetzen (III.). Überdies ist das BAFA angehalten, Handreichungen zu entwickeln und zu veröffentlichen, welche den Gesetzesadressaten als Hilfestellungen bei der Erfüllung ihrer Sorgfaltspflichten dienen sollen (IV.).

I. Beschaffung von Informationen und Anordnung von Handlungen

Nach der "Generalklausel" des § 15 S. 1 LkSG trifft das BAFA die "*geeigneten und erforderlichen Anordnungen und Maßnahmen, um Verstöße gegen die Pflichten nach den §§ 3 bis 10 Abs. 1 LkSG festzustellen, zu beseitigen und zu*

34 Gesetzentwurf S. 54.
35 Gesetzentwurf S. 54.
36 Gesetzentwurf S. 54.

verhindern." Das BAFA hat demnach ein sehr weitgehendes Auswahlermessen dahingehend, wie es mit Verstößen gegen das LkSG umgeht. Dieser weite Ermessenspielraum des BAFA erscheint insbesondere vor dem Hintergrund der oft komplexen und individuell ausgestalteten Lieferkettenkonstellationen durchaus sinnvoll.

1. *Handlungsanweisungen*

§ 15 S. 2 LkSG enthält darauf aufbauend eine nicht abschließende Auflistung[37] von konkreten Befugnissen: So kann das BAFA beispielsweise Personen laden, dem Unternehmen aufgeben, innerhalb von drei Monaten ab Bekanntgabe der Anordnung einen Plan zur Behebung der Missstände einschließlich klarer Zeitangaben zu dessen Umsetzung vorzulegen, oder konkrete Handlungen zur Erfüllung seiner Pflichten zu ergreifen.

2. *Betretensrechte*

Das BAFA ist auch berechtigt, "*Betriebsgrundstücke, Geschäftsräume und Wirtschaftsgebäude der Unternehmen während der üblichen Geschäfts- oder Betriebszeiten zu betreten und zu besichtigen sowie bei Unternehmen während der üblichen Geschäfts- oder Betriebszeiten geschäftliche Unterlagen und Aufzeichnungen, aus denen sich ableiten lässt, ob die Sorgfaltspflichten nach den §§ 3 bis 10 Abs. 1 eingehalten wurden, einzusehen und zu prüfen.*"[38]

In der Literatur sind verfassungsrechtliche Bedenken gegen diese Betretensrechte geäußert worden.[39] Danach komme das Betreten der Geschäftsräume in Kombination mit der Einsicht und Prüfung von Unterlagen und

37 Gesetzentwurf S. 55; *Freund/Krüger*, Das neue Lieferkettensorgfaltspflichtengesetz, NVwZ 2022, 665 (667).

38 § 16 LkSG.

39 *Kamann/Irmscher*, Das Sorgfaltspflichtengesetz – Ein neues Sanktionsrecht für Menschenrechts- und Umweltverstöße in Lieferketten, NZWiSt 2021, 249 (252); *Schmidt*, Die Durchschlagskraft des Lieferkettensorgfaltspflichtengesetz (LkSG) in der Schwebe – ein mahnendes Beispiel für zu hektische Gesetzgebung, CCZ 2022, 214 (219).

Aufzeichnungen faktisch einer Durchsuchung gleich, sodass das Betreten dem Richtervorbehalt des Art. 13 Abs. 2 GG unterliegen müsse.[40]

Nach der ständigen Rechtsprechung des BVerfG und des BVerwG ist jedoch streng zwischen dem Betreten und Durchsuchungen zu differenzieren. Letztere ist durch das ziel- und zweckgerichtete Suchen staatlicher Organe nach Personen oder Sachen gekennzeichnet und darauf ausgerichtet, etwas aufzuspüren, was der Inhaber der durchsuchten Räume von sich aus nicht herausgeben oder offenlegen will.[41]

Bei verfassungskonformer Auslegung der §§ 16 und 17 LkSG kann das BAFA daher nicht die Befugnis haben, nach dem Betreten auch Räume, Mobiliar, etc. selbständig zu öffnen, Dinge zu entnehmen, Unterlagen eigenständig zu ergreifen oder sonstige "(Durch)Suchungsmaßnahmen" zu ergreifen. Vielmehr muss es gezielte Fragen stellen und sich Dokumente – auf Nachfrage – aushändigen lassen.

3. Herausgabepflichten

Gemäß § 17 LkSG sind Unternehmen und vom BAFA vorgeladene Personen verpflichtet, dem BAFA auf Verlangen die Auskünfte zu erteilen und die Unterlagen herauszugeben, die das BAFA zur Durchführung der Aufgaben nach dem LkSG benötigt. Die Auskunfts- und Herausgabepflicht erstreckt sich auch auf Auskünfte über verbundene Unternehmen (im Sinne des § 15 AktG) sowie unmittelbare und mittelbare Zulieferer. Voraussetzung ist, dass das auskunfts- oder herausgabepflichtige Unternehmen oder die auskunfts- oder herausgabepflichtige Person die Informationen zur Verfügung hat oder aufgrund bestehender vertraglicher Beziehungen zur Beschaffung der verlangten Informationen in der Lage ist.[42]

Die herauszugebenden Unterlagen umfassen insbesondere die Angaben und Nachweise zur Feststellung, ob ein Unternehmen in den Anwendungsbereich des LkSG fällt, die Angaben und Nachweise über die Erfüllung der Pflichten nach den §§ 3 bis 10 Abs. 1 LkSG und die Namen der zur Überwachung der unternehmensinternen Prozesse zuständigen Personen.[43] Da die Aufzählung der herauszugebenden Informationen jedoch

---

40 Nach ständiger Rechtsprechung unterfallen auch Arbeits-, Betriebs- und Geschäftsräume dem Schutz von Art. 13 GG (statt vieler: BVerfG, Beschl. v. 13.10.1971, Az.: 1 BvR 280766, 1. Leitsatz).

41 Statt vieler: BVerwG, Urt. v. 4.11.1987, Az.: 3 C 52/85, Rn. 25 – juris.

42 § 17 Abs. 1 S. 2 LkSG.

43 § 17 Abs. 2 LkSG.

nicht abschließend ist, kann das BAFA grundsätzlich alle Unterlagen herausverlangen, die es zur Erfüllung seiner Aufgaben als notwendig erachtet.

Damit gehen die Auskunfts- und Herausgabepflichten gemäß § 17 LkSG deutlich über die Dokumentations- und Berichtspflichten nach § 10 Abs. 1 und 2 LkSG hinaus.

Zum einen bezieht sich die Auskunfts- und Herausgabepflicht ihrem Wortlaut nach nicht nur auf die interne, LkSG-spezifische Dokumentation, die Unternehmen gemäß § 10 Abs. 1 LkSG erstellen und jeweils sieben Jahre lang aufbewahren müssen. Diese interne Dokumentationspflicht soll primär dazu dienen, eine informatorische Grundlage für die öffentlich-rechtliche Durchsetzung der Sorgfaltspflichten zu schaffen.[44] Der Gesetzgeber geht also davon aus, dass ein Zugriff speziell auf diese Dokumente erfolgt. § 17 LkSG begrenzt den Zugriff aber nicht dahingehend. Das erscheint auch nachvollziehbar, da andere Unterlagen zur Überprüfung und Verifizierung der LkSG-spezifischen Dokumentation erforderlich sein können. Für Unternehmen folgt daraus zugleich, dass sie bei der Dokumentation große Sorgfalt walten lassen müssen. Einerseits kann eine umfangreiche Erfassung von Informationen, Überlegungen im Rahmen der gebotenen Priorisierung und Abwägung, festgestellten Risiken und (vorbereiteten) Abhilfemaßnahmen zeigen, dass die Unternehmen ihre Pflichten unter dem LkSG sehr ernst nehmen und erfüllen. Andererseits müssen Unternehmen davon ausgehen, dass sämtliche Unterlagen auch an die Behörde oder gar an die Öffentlichkeit gelangen können. So kommen Ansprüche gegen das BAFA auf Herausgabe von Unterlagen, die von Unternehmen eingeholt wurden, auf der Grundlage des Informationsfreiheitsgesetzes des Bundes oder auch des Presserechts in Betracht. Das Risiko einer Selbstbelastung, der Substantiierung von Klageansprüchen durch interne Dokumente sowie möglicher Reputationsschäden infolge von "naming and shaming" ist daher zu berücksichtigen.

Zum anderen enthält § 17 LkSG – anders als § 10 Abs. 4 LkSG – keine besondere Regelung für Betriebs- und Geschäftsgeheimnisse. Deren Schutz ist allerdings ein allgemeiner, verfassungsrechtlich gestützter Grundsatz.[45] Deshalb ist auch bei der Einsicht in Unterlagen der Wahrung von Betriebs- und Geschäftsgeheimnissen angemessen Rechnung zu tragen.

44 Gesetzentwurf S. 51.

45 BVerfG, Beschl. v. 5.2.2004, Az. 1 BvR 2087/03, Rn. 19; BVerfG, Beschl. v. 14.3.2006, Az. 1 BvR 2087/03, Rn. 89; BVerfG, Urt. v. 24.11.2010, Az. 1 BvF 2/05, Rn. 202; BVerfG, Urt. v. 21.10.2014, Az. 2 BvE, Rn 154.

II. Berichtsprüfung

Darüber hinaus ist das BAFA auch verpflichtet, die jährlich zu veröffentlichenden Berichte von Unternehmen über die Erfüllung der Sorgfaltspflichten[46] gemäß § 10 Abs. 2 LkSG zu überprüfen.[47] Die Berichte an die Öffentlichkeit sollen der Transparenz dienen. Sie setzen damit u.a. Prinzip 21 der UN-Leitprinzipien für Wirtschaft und Menschenrechte[48] um. Zugleich sind sie eine wichtige Erkenntnisquelle für die Aufsichtstätigkeit des BAFA. Während § 10 Abs. 2 Satz 1 LkSG die Veröffentlichung auf der Internetseite des Unternehmens regelt, sieht § 12 Abs. 2 LkSG vor, dass die Berichte dem BAFA auch unmittelbar zur Verfügung gestellt werden müssen. So soll der Behörde die Kontrolle erleichtert werden, da sie nicht alle Berichte selbst im Internet suchen muss.

Die Pflicht zur Berichtsprüfung beschränkt sich auf die Einhaltung der gesetzlichen Vorgaben, also die fristgerechte Veröffentlichung (§ 13 Abs. 1 Nr. 1 i.V.m. § 10 Abs. 2 S. 1 LkSG) sowie den Mindestinhalt (§ 13 Abs. 1 Nr. 2 i.V.m. § 10 Abs. 2 und 3 LkSG) des öffentlichen Jahresberichts. Hingegen sieht § 13 LkSG nicht vor, dass das BAFA die inhaltliche Richtigkeit der Angaben prüfen muss, also etwa, ob alle identifizierten menschenrechtlichen Risiken auch tatsächlich in dem Bericht enthalten sind. Eine solche inhaltliche Prüfung wäre praktisch in "flächendeckender" Vollständigkeit auch nicht möglich. Sollte das BAFA hingegen Zweifel an der Richtigkeit von Angaben haben, kann es insbesondere unter Geltendmachung seiner Befugnisse zur Informationsbeschaffung weitere Unterlagen anfordern und die Informationen miteinander abgleichen.

§ 13 LkSG enthält keine klare Aussage dazu, ob die Prüfung für jedes Unternehmen in jedem Jahr erfolgen muss oder ob Stichproben ausreichen können. Für eine regelmäßige Prüfung kann sprechen, dass über § 13 LkSG sichergestellt sein soll, dass die Unternehmen tatsächlich regelmäßig und pünktlich ihre Berichte veröffentlichen. Dementsprechend sieht § 13

46 S. § 10 Abs. 2 Satz 2 LkSG; *Ehmann*, Der Regierungsentwurf für das Lieferkettengesetz: Erläuterung und erste Hinweise zur Anwendung, ZVertriebsR 2021, 141 (150).

47 S. § 13 LkSG; *Ehmann*, Der Regierungsentwurf für das Lieferkettengesetz: Erläuterung und erste Hinweise zur Anwendung, ZVertriebsR 2021, 141 (150).

48 S. Geschäftsstelle Deutsches Global Compact Netzwerk, Leitprinzipien für Wirtschaft und Menschenrechte – Umsetzung des Rahmens der Vereinten Nationen „Schutz, Achtung und Abhilfe“, 2. Aufl. 2014, abrufbar unter: https://www.auswaertiges-amt.de/blob/266624/b51c16faf1b3424d7efa060e8aaa8130/un-leitprinzipien-de-data.pdf; *Ehmann*, Der Regierungsentwurf für das Lieferkettengesetz: Erläuterung und erste Hinweise zur Anwendung, ZVertriebsR 2021, 141 (141).

Abs. 2 LkSG auch die Möglichkeit (und Pflicht) zur Nachbesserung innerhalb einer angemessenen Frist vor. Um eine solche Nachbesserung anzuordnen, muss das BAFA zunächst das Vorliegen eines Berichts geprüft haben. Allerdings lässt sich ein solches Ergebnis auch (fast) gleichermaßen effektiv durch Stichproben erzielen, zumal die verspätete oder unrichtige Erstellung des öffentlichen Jahresberichts bußgeldbewehrt ist (§ 24 Abs. 1 Nrn. 10 und 11 LkSG).[49] Unter Berücksichtigung der begrenzten Ressourcen des BAFA spricht daher Einiges dafür, dass Stichproben ausreichen sollten.

§ 13 Abs. 3 LkSG ermächtigt das BMAS, im Einvernehmen mit dem BMWK sowohl das Verfahren der elektronischen Berichtseinreichung nach § 12 LkSG als auch das behördeninterne Berichtsprüfungsverfahren durch Rechtsverordnung näher zu regeln. Auch wenn diese Rechtsverordnungen sich grundsätzlich an das BAFA richten, ist davon auszugehen, dass sie wertvolle Hinweise für Unternehmen enthalten würden, weil sie den Unternehmen ein erstes Verständnis davon geben können, welche Anforderungen das BAFA an die zu veröffentlichen Jahresberichte stellt und auf welche Punkte das BAFA unter Umständen ein besonderes Augenmerk haben wird. Allerdings hat das BMAS angekündigt, zum jetzigen Zeitpunkt keine solche konkretisierende Rechtsverordnung erlassen zu wollen. Das BAFA hat auf seiner Internetseite jedoch bereits bekannt gegeben, dass es an der Erarbeitung strukturierter Fragebögen arbeite, welche es den Unternehmen erleichtern sollen, ihren Berichtspflichten nachzukommen.[50]

III. Durchsetzung durch Verwaltungszwang

Auf die Durchsetzung der Anordnungen des BAFA finden grundsätzlich die allgemeinen Vorschriften des Bundesverwaltungsvollstreckungsgesetzes (VwVG) Anwendung. Demzufolge stehen dem BAFA die in § 9 Abs. 1

49 Im Hinblick auf das Bußgeld lässt es der Wortlaut allerdings im Unklaren, ob dieses bei verspäteter oder formal unzureichender Veröffentlichung des Berichts sofort verhängt werden kann oder ob das BAFA zunächst gemäß § 13 Abs. 2 LkSG eine Nachfrist setzen und deren erfolgloses Verstreichen abwarten muss.

50 BAFA, Übersicht über die Berichtspflichten nach dem LkSG, abrufbar unter https://www.bafa.de/DE/Lieferketten/Berichtspflicht/berichtspflicht_node.html.

VwVG abschließend aufgelisteten Zwangsmittel zur Verfügung.[51] Danach kann das BAFA zur Durchsetzung die Ersatzvornahme, ein Zwangsgeld sowie den unmittelbaren Zwang anwenden.

In der Praxis wird in aller Regel die Anordnung eines Zwangsgeldes in Betracht kommen. Dabei ordnet § 23 LkSG an, dass die Höhe des Zwangsgeldes in Abweichung von der allgemeinen Regelung in § 11 Abs. 3 VwVG maximal EUR 50.000 statt EUR 25.000 betragen kann. Mitunter stellen sich Schwierigkeiten bei der Auslegung einer Zwangsgeldverfügung, wenn das Zwangsgeld für bestimmte Fälle der Zuwiderhandlung angedroht oder verhängt wird, aber unklar ist, ob es sich bei der Betroffenheit mehrerer Personen oder Sachverhalte entsprechend um mehrere Fälle oder jeweils nur einen handelt. Hier ist das BAFA gefordert, klare Entscheidungen zu treffen.

IV. Hilfestellungen

Gemäß § 20 LkSG ist das BAFA verpflichtet, branchenübergreifende oder branchenspezifische Informationen, Hilfestellungen und Empfehlungen (zusammen sogenannte "Handreichungen") zur Einhaltung des LkSG zu veröffentlichen. Dabei bleibt die Rechtsnatur dieser – dem deutschen (Verwaltungs-) Recht bisher unbekannten – Handlungsform unklar.[52] Mit der Bezeichnung als "Informationen, Hilfestellungen und Empfehlungen" verdeutlicht der Gesetzgeber jedoch, dass es sich nicht um rechtlich verbindliche Handlungsanweisungen an die betroffenen Unternehmen handelt.[53]

Der Gesetzgeber spricht auch nicht von (normkonkretisierenden) Verwaltungsvorschriften. Dies dürfte darin begründet sein, dass Verwaltungsvorschriften primär "nach innen" gerichtet sind und der Verwaltung selbst Unterstützung bei der Rechtsanwendung bieten sollen.[54] Hingegen ist es ausweislich der Gesetzesbegründung das Ziel der Handreichungen, Unter-

---

51 *Engel/Schönfelder*, in: Grabosch, Das neue Lieferkettensorgfaltspflichtengesetz, 1. Aufl. 2021, § 6 Rn. 29.

52 *Fleischer*, Grundstrukturen der lieferkettenrechtlichen Sorgfaltspflichten, CCZ 2022, 205 (207).

53 So auch *Engel/Schönfelder*, in: Grabosch, Das neue Lieferkettensorgfaltspflichtengesetz, 1. Aufl. 2021, § 6 Rn. 56.

54 *Voßkuhle/Kaufhold*, Grundwissen – Öffentliches Recht: Verwaltungsvorschriften, JuS 2016, 314 (314); *Kirchhof*, in: Dürig/Herzog/Scholz, Grundgesetz – Kommentar, 97. EL 2022, Art. 84 Rn. 208; *Spindler*, in: Gsell/Krüger/Lorenz/Reymann, beck-online.GROSSKOMMENTAR, 01.07.2022, § 823 Rn. 260.

nehmen bei der Umsetzung ihrer Sorgfaltspflichten zu unterstützen und entsprechende Hilfestellungen anzubieten. Somit sind diese Informationen nach außen, an die Gesetzesadressaten gerichtet.[55]

In der Wirkung erscheinen die Handreichungen trotzdem mit Verwaltungsvorschriften vergleichbar. Insbesondere ist eine Selbstbindung der Verwaltung über Art. 3 Abs. 1 GG – ebenso wie bei Verwaltungsvorschriften – anzunehmen, sodass zu erwarten ist, dass sich durch die Handreichungen des BAFA eine für die Unternehmen absehbare und vorhersehbare Behördenpraxis etablieren wird.[56] Durch die Handreichungen kommuniziert das BAFA seine Lesart des LkSG und seine Erwartungen an die Gesetzesadressaten. Darauf müssen sich die Unternehmen verlassen können. Dementsprechend darf das BAFA nicht ohne ausreichenden legitimen Grund von den Informationen und Empfehlungen in seinen Handreichungen abweichen.[57] Vielmehr muss das BAFA die Handreichungen zumindest ermessenslenkend berücksichtigen – gerade bei der Prüfung, ob Unternehmen ihre Sorgfaltspflichten nach dem LkSG angemessen und effektiv erfüllt haben.[58] Andernfalls würde es sich widersprüchlich verhalten.[59] Hingegen sind die Unternehmen nicht rechtlich verpflichtet, die Handreichungen zu beachten, weil es sich gerade nicht um rechtsverbindliche Maßnahmen handelt. Eine Beachtung dürfte sich aber in der Regel empfehlen, weil die Unternehmen dann sichergehen können, der Erwartungshaltung des BAFA zu entsprechen. Abweichungen von den Handreichungen erfordern, etwa im Falle gerichtlicher Überprüfungen, einen höheren Begründungsaufwand. Dementsprechend solle die Befolgung der Handreichungen für die Unternehmen einen "sicheren Hafen" darstellen und der Nachweis ihrer Befolgung eine exkulpatorische Wirkung haben.[60]

---

55 Vgl. Gesetzentwurf S. 56.

56 *Ruttloff/Hahn*, in: Wagner/Ruttloff/Wagner, Das Lieferkettensorgfaltspflichtengesetz in der Unternehmenspraxis, 1. Aufl. 2022, § 9 Rn. 1382.

57 Zur Selbstbindung der Verwaltung durch Verwaltungsvorschriften s. z.B. *Kluth*, in: Wolff/Bachof/Stober/Kluth, Verwaltungsrecht I, 13. Aufl. 2017, § 31 Rn. 62.

58 *Ruttloff/Hahn*, in: Wagner/Ruttloff/Wagner, Das Lieferkettensorgfaltspflichtengesetz in der Unternehmenspraxis, 1. Aufl. 2022, § 9 Rn. 1380.

59 *Fleischer*, Grundstrukturen der lieferkettenrechtlichen Sorgfaltspflichten, CCZ 2022, 205 (207).

60 S. *Fleischer*, Grundstrukturen der lieferkettenrechtlichen Sorgfaltspflichten, CCZ 2022, 205 (207).

E. Sanktionen: Bußgelder

Für verschiedene Verstöße gegen die Sorgfaltspflichten kommt die Verhängung von Bußgeldern in Betracht.[61] Zuständige Behörde für die Einleitung und Durchführung des Bußgeldverfahrens ist ebenfalls das BAFA.[62]

Die zentrale Regelung für die Definition der bußgeldbewehrten Ordnungswidrigkeiten und die Bestimmung der Höhe der Bußgelder ist § 24 LkSG. Diese Vorschrift weckt allerdings verfassungsrechtliche Bedenken im Hinblick auf die Bestimmtheit der sanktionierten Pflichtverletzungen (I.). Darüber hinaus sind auch nicht alle Parameter für die Bemessung der Bußgeldhöhe hinreichend klar geregelt. Insbesondere lässt der Gesetzgeber die tatsächliche Berechnungsgrundlage der umsatzbasierten Bußgelder offen (II.).

I. Sanktionierte Pflichtverletzungen

1. Überblick

§ 24 Abs. 1 LkSG enthält eine Auflistung der sanktionsbewährten Pflichtverletzungen. Demnach handeln Unternehmen ordnungswidrig, wenn sie vorsätzlich oder fahrlässig gegen die Pflicht verstoßen, innerhalb ihres Unternehmens eine mit der Überwachung der Umsetzung des LkSG verantwortliche Person zu benennen,[63] die Risikoanalyse nicht, nicht richtig, nicht vollständig oder nicht rechtzeitig durchführen,[64] die angemessenen Präventions- und Abhilfemaßnahmen nicht oder nicht rechtzeitig ergreifen,[65] das notwendige Beschwerdeverfahren nicht einrichten[66] oder ihre

---

61 Vgl. § 24 LkSG; *Stöbener de Mora/Noll*, Grenzenlose Sorgfalt? Das Lieferkettensorgfaltspflichtengesetz, NZG 2021, (1285).

62 Vgl. § 24 Abs. 4 LkSG i.V.m. § 36 Abs. 1 Nr. 1 OWiG; *Gehling/Ott/Lüneborg*, Das neue Lieferkettensorgfaltspflichtengesetz – Umsetzung in der Unternehmenspraxis, CCZ 2021, 230 (240); vgl. dazu auch den Entschließungsantrag der Fraktion der FDP zur dritten Beratung des Gesetzesentwurfs der Bundesregierung eines Gesetzes über die unternehmerischen Sorgfaltspflichten in Lieferketten, BT-Drs. 19/30547 vom 09. Juni 2021, welcher die Verwendung von unbestimmten Rechtsbegriffen als eines der Hauptprobleme des LkSG ansieht-

63 Vgl. § 24 Abs. 1 Nr. 1 i.V.m. § 4 Abs. 3 S. 1 LkSG.

64 Vgl. § 24 Abs. 1 Nr. 2 i.V.m. § 5 Abs. 1 S. 1 bzw. § 9 Abs. 3 Nr. 3 LkSG.

65 Vgl. § 24 Abs. 1 Nr. 3–7 i.V.m. §§ 6 und 7 LkSG.

66 Vgl. § 24 Abs. 1 Nr. 8 i.V.m. § 8 Abs. 1 S. 1 bzw. § 9 Abs. 1 LkSG.

Berichts- und Dokumentationspflichten nicht erfüllen.[67] Dabei sind die Bußgeldtatbestände fast ausschließlich negativ formuliert, d.h. es handelt sich größtenteils um echte Unterlassungsdelikte.[68]

2. *Weitreichende mangelnde Bestimmtheit*

Da die Bußgeldtatbestände direkt auf die Sorgfaltspflichten des LkSG verweisen, wirken sich Unklarheiten und Unsicherheiten nicht nur bei den materiellen Pflichten, sondern auch im Rahmen der Sanktionen aus. Angesichts der Verwendung zahlreicher unbestimmter Rechtsbegriffe und der umfassenden Ausgestaltung von Grundpflichten unter dem LkSG sind auch die darauf Bezug nehmenden Bußgeldtatbestände sehr weit.

Beispielsweise spricht § 5 Abs. 1 von einer "angemessenen Risikoanalyse", § 6 Abs. 1 von der "unverzüglichen" Verankerung "angemessener" Präventionsmaßnahmen im Falle bestehender Risiken und § 7 Abs. 1 LkSG von "angemessenen und unverzüglichen" Abhilfemaßnahmen bei eingetretenen Verletzungen.

Dies verdeutlicht, dass insbesondere der Begriff der Angemessenheit eine zentrale Rolle spielt. Zwar versucht der Gesetzgeber eine Annäherung an diesen Begriff in § 3 Abs. 2 LkSG. Die dort enthaltenen Kriterien sind aber ihrerseits unbestimmt, weil zum einen das Verhältnis der vier Aspekte untereinander unklar ist und zum anderen erneut unbestimmte Begriffe wie Einflussvermögen oder "Art des Verursachungsbeitrags" verwendet werden. Diese Unklarheit des so zentralen Begriffs hat das BAFA inzwischen dazu veranlasst, eine Handreichung zur Risikoanalyse zu veröffentlichen, die auch an verschiedenen Stellen auf die Angemessenheit eingeht.[69] Eine solche exekutive Information bestätigt, dass Klärungsbedarf gesehen wird; sie reicht aber nicht aus, um das an den Gesetzgeber gerichtete Bestimmtheitsgebot zu erfüllen.

Darüber hinaus geht es in den meisten Normen darum, dass ein menschenrechtliches oder umweltbezogenes Risiko besteht oder eine men-

---

67 Vgl. § 24 Abs. 9–13 i.V.m. §§ 10 und 11 LkSG.

68 S. *Mitsch*, Lieferkettengesetz und Ordnungswidrigkeitenrecht, NZWiSt 2021, 409 (410).

69 S. BAFA, Risiken ermitteln, gewichten und priorisieren – Handreichung zur Umsetzung einer Risikoanalyse nach den Vorgaben des Lieferkettensorgfaltspflichtengesetzes, 1. Aufl. 2022, abrufbar unter: https://www.bafa.de/SharedDocs/Downloads/DE/Lieferketten/handreichung_risikoanalyse.pdf?__blob=publicationFile&v=6.

schenrechtsbezogene oder umweltbezogene Pflicht verletzt wurde. Die menschenrechtlichen Pflichten sind in § 2 Abs. 2 LkSG aufgeführt. Neben einer Liste einigermaßen konkreter Pflichten (Nrn. 1–11) umfassen sie auch eine weitreichende Öffnungsklausel (Nr. 12), die wiederum im hohen Maße von Unbestimmtheit geprägt ist ("besonders schwerwiegend", "bei verständiger Würdigung", aller "in Betracht kommender" Umstände). Diese unbestimmte Klausel prägt somit (fast) jeden der Bußgeldtatbestände.

Damit hängt es letztlich von der Entscheidungspraxis des BAFA und der Gerichte ab, wann die materiellen Pflichten des LkSG als erfüllt anzusehen sind und ein Bußgeldrisiko folglich ausgeschlossen werden kann. Dies erscheint im Hinblick auf Art. 103 Abs. 2 GG bedenklich.[70] Nach diesem grundrechtsgleichen Recht müssen Regelungen so hinreichend bestimmt sein, dass das Verbotene für die Adressaten der Vorschrift erkennbar und die Sanktion für Normverstöße kalkulierbar ist.[71] Es muss also die Legislative und nicht die Exekutive oder die Judikate entscheiden, unter welchen Bedingungen die Tatbestandsvoraussetzungen der Strafnorm erfüllt sind.[72] Hingegen überlässt es der Gesetzgeber des LkSG maßgeblich dem BAFA und dem BMAS, in Form von Handreichungen bzw. Verordnungen Konkretisierungen vorzunehmen. Abgesehen davon, dass das BMAS derartige Verordnungen bislang nicht vorzusehen scheint, wären solche rein exekutiven Maßnahmen nicht geeignet, eine hinreichende Bestimmtheit herbeizuführen.

II. Bußgeldhöhe

Das LkSG regelt in § 24 Abs. 2 und 3 ein gestaffeltes Bußgeldregime. Für die Mehrzahl der Verstöße sieht es ein maximales Bußgeld zwischen 100.000 und 800.000 Euro vor.[73] Bei schwerwiegenden Verstößen, z.B. in

---

70 S. dazu auch die Stellungnahme des Deutschen Anwaltvereins zum Regierungsentwurf eines Gesetzes über die unternehmerischen Sorgfaltspflichten in Lieferketten, Stellungnahme Nr. 27/2021, April 2021, abrufbar unter https://anwaltverein.de/de/newsroom/sn-27-21-sorgfaltspflichtengesetz?file=files/anwaltverein.de/downloads/newsroom/stellungnahmen/2021/dav-sn-27-2021.pdf, S. 31 f.

71 *Remmert*, in: Düring/Herzog/Scholz, Grundgesetz-Kommentar, Werkstand: 96. EL November 2021, Art. 103 Abs. 2 Rn. 87.

72 S. *Remmert*, in: Düring/Herzog/Scholz, Grundgesetz-Kommentar, Werkstand: 96. EL November 2021, Art. 103 Abs. 2 Rn. 87.

73 Vgl. § 24 Abs. 2 Nr. 1 bis 3 LkSG.

den Fällen, dass die Risikoanalyse nicht, nicht richtig, nicht vollständig oder nicht rechtzeitig durchgeführt wird oder die notwendigen Abhilfe- und Präventionsmaßnahmen nicht oder nicht rechtzeitig ergriffen werden, kann das Bußgeld auf bis zu 5 oder 8 Millionen Euro erhöht werden.[74]

Handelt es sich bei dem betroffenen Unternehmen um eine juristische Person oder Personenvereinigung mit einem durchschnittlichen Jahresumsatz von mehr als 400 Millionen Euro, kann das BAFA in den – aus Sicht des Gesetzgebers – schwersten Fällen auch eine Geldbuße bis zu 2 % des durchschnittlichen Jahresumsatzes verhängen.[75] Diese Fälle sind das Unterlassen von Abhilfemaßnahmen oder von Konzepten zur Minimierung oder Beendigung bei bereits eingetretenen oder unmittelbar bevorstehenden Verletzungen. Mit einer solchen umsatzbezogenen Sanktion, die keine Grundlage im EU-Recht findet, betritt der Gesetzgeber Neuland. Bislang sind Geldbußen auf Basis des Umsatzes v.a. aus den europarechtlich determinierten Bereichen des Kartell- oder Datenschutzrechts bekannt.[76]

Die umsatzbezogene Bußgeldbemessung wirft jedoch eine Reihe von Fragen auf, weil auch sie von unklaren Begriffen geprägt ist.

1. Der Begriff der "wirtschaftlichen Einheit"

§ 24 Abs. 3 S. 2 LkSG ordnet an, dass bei der Ermittlung des Jahresumsatzes "*der weltweite Umsatz aller natürlichen und juristischen Personen sowie aller Personenvereinigungen der letzten drei Geschäftsjahre [zugrunde zu legen ist,] soweit diese Personen und Personenvereinigungen als wirtschaftliche Einheit operieren*".

Diesbezüglich lässt der Gesetzgeber die Frage offen, was unter einer "wirtschaftlichen Einheit" zu verstehen ist. In der Literatur findet sich die Ansicht, dass der Begriff der "wirtschaftlichen Einheit" in Übereinstimmung mit vergleichbaren europäischen Regelungen auszulegen sei.[77] Ins-

---

74 Vgl. § 24 Abs. 2 S. 2, Abs. 1 Nr. 1 und 2 LkSG i.V.m. § 30 Abs. 2 S. 3 OWiG.

75 Vgl. § 24 Abs. 3 S. 1 LkSG.

76 Neuere Beispiele finden sich etwa in dem Vorschlag der EU-Kommission für eine Verordnung zur Festlegung harmonisierter Vorschriften für Künstliche Intelligenz vom 21. April 2021,COM (2021) 206 final, Art. 71,oder in dem Vorschlag der EU-Kommission für eine Verordnung über harmonisierte Vorschriften für einen fairen Datenzugang und eine faire Datennutzung ("EU Data Act") vom 23. Februar 2022, COM (2022) 68 final, Art. 33.

77 S. *Seibt/Vesper-Gräske*, Lieferkettensorgfaltspflichtengesetz erweitert Compliance-Pflichten, CB 2021, 357 (360).

besondere im Kartellrecht wird der Begriff der "wirtschaftlichen Einheit" weit ausgelegt.[78] So hat der EuGH bereits 1991 festgestellt, dass eine wirtschaftliche Einheit unabhängig von ihrer Rechtsform und der Art der Finanzierung bestehen kann.[79] Mehrere Unternehmen bilden dann eine wirtschaftliche Einheit wenn ein Unternehmen trotz eigenständiger Rechtspersönlichkeit sein Marktverhalten nicht eigenständig bestimmt, sondern im Wesentlichen Weisungen eines anderen Unternehmens befolgt bzw. befolgen muss.[80]

Würde man den Begriff der "wirtschaftlichen Einheit" derart weit auslegen, müsste sich ein dem LkSG unterfallendes, konzernangehöriges Unternehmen in der Regel den weltweiten Jahresumsatz des kompletten Konzerns, also sowohl seiner Muttergesellschaft als auch aller konzernangehöriger Schwestergesellschaften, zurechnen lassen. Mit Blick auf die vielen rechtlichen Unsicherheiten, die das LkSG für Unternehmen mit sich bringt, erscheint dies indes zu weitgehend. Darüber hinaus ist das LkSG auch nicht an europarechtliche Vorbilder oder Vorgaben gebunden, weil es sich aktuell um rein nationales Recht handelt. Folglich kommt eine Auslegung allein anhand nationaler Maßgaben in Betracht. So kann z.B. die Regelung des § 81c Abs. 4 S. 1 GWB als Referenz herangezogen werden. Demnach werden bei der Berechnung von Geldbußen gegen Unternehmen oder Unternehmensvereinigungen lediglich die Umsätze derjenigen Unternehmensmitglieder einbezogen, die auf demselben Markt wie das von der Ordnungswidrigkeit betroffene Unternehmen tätig sind. Auf das LkSG übertragen würde es daher überzeugen, nur auf die in der Bundesrepublik Deutschland erzielten Umsätze abzustellen, da auch der Anwendungsbereich von der Zahl der Beschäftigten in Deutschland ausgeht und eine Zurechnung der Beschäftigtenzahlen auf die Obergesellschaft nur insoweit vorsieht, als die Obergesellschaft im Inland ansässig ist.[81]

---

78 Vgl. *Zandler*, Die wirtschaftliche Einheit als Normadressat im Kartellbußgeldrecht, NZKart 2016, 98.

79 EuGH, Urt. v. 23.04.1991, Rs C-41/90, Rn. 21.

80 S. *Zandler*, Die wirtschaftliche Einheit als Normadressat im Kartellbußgeldrecht, NZKart 2016, 98 (99).

81 § 1 Abs. 1, 3 LkSG. S. auch Fragen und Antworten zum Lieferkettengesetz, Stand: 28. April 2022, abrufbar unter https://www.csr-in-deutschland.de/DE/Wirtschaft-Menschenrechte/Gesetz-ueber-die-unternehmerischen-Sorgfaltspflichten-in-Liefer ketten/FAQ/faq.html#doc977f9a9d-bfdd-4d31-9e31-efab307ceee6bodyText3, Ziff. I.3. S. 1; IV.4. FAQ zum LkSG.

2. Grundsätze der Bußgeldbemessung

Gemäß § 24 Abs. 4 LkSG ist für die Bemessung der Bußgelder zunächst die Bedeutung der Ordnungswidrigkeit maßgeblich.[82] Zudem muss das BAFA die wirtschaftlichen Verhältnisse des Unternehmens berücksichtigen und alle Umstände, die für und gegen das Unternehmen sprechen, gegeneinander abwägen.[83] Hierbei muss das BAFA insbesondere berücksichtigen, welches Gewicht und Ausmaß sowie welche Dauer die Ordnungswidrigkeit hat, die Art und Weise ihrer Ausführung sowie das Bemühen des Unternehmens, die Ordnungswidrigkeit aufzudecken und den Schaden wiedergutzumachen.[84]

F. Weitere Sanktionen

Zusätzlich zu Geldbußen kommt bei rechtsgültig festgestellten Verstößen im Sinne des § 24 Abs. 1 LkSG, die grundsätzlich mit einem Bußgeld von mindestens 175.000 Euro sanktioniert wurden, der Ausschluss von der Vergabe öffentlicher Aufträge in Betracht.[85]

Dieser Ausschluss darf grundsätzlich für einen Zeitraum von bis zu drei Jahren erfolgen. Allerdings konkretisiert § 22 LkSG nicht, ab wann diese Frist beginnt. Mangels gegenteiliger Anhaltspunkte dürfte es insoweit auf den Zeitpunkt der Rechtskraft der Feststellung der Ordnungswidrigkeit und Bußgeldverhängung ankommen.

Um diesen Zeitraum abzukürzen, besteht gemäß § 125 GWB die Möglichkeit der Selbstreinigung, d.h. ein Ausschluss erfolgt nicht oder endet dann, wenn das Unternehmen nachweist, dass es (i) für jeden durch eine Straftat oder ein Fehlverhalten verursachten Schaden einen Ausgleich gezahlt oder sich zur Zahlung eines Ausgleichs verpflichtet hat, (ii) die Tatsachen und Umstände, die mit der Straftat oder dem Fehlverhalten und dem dadurch verursachten Schaden in Zusammenhang stehen, durch eine aktive Zusammenarbeit mit den Ermittlungsbehörden und dem öffentlichen Auftraggeber umfassend geklärt hat und (iii) konkrete technische, organi-

---

82 Vgl. § 24 Abs. 4 S. 1 LkSG.
83 Vgl. § 24 Abs. 4 S. 2 und 3 LkSG.
84 Vgl. § 24 Abs. 4 S. 4 LkSG.
85 Vgl. § 22 Abs. 1 S. 1, Abs. 2 S. 1 LkSG; *Gehling/Ott/Lüneborg*, Das neue Lieferkettensorgfaltspflichtengesetz – Umsetzung in der Unternehmenspraxis, CCZ 2021, 230 (240).

satorische und personelle Maßnahmen ergriffen hat, die geeignet sind, weitere Straftaten oder weiteres Fehlverhalten zu vermeiden.[86]

G. Rechtsschutz

I. Unternehmen

Gegen Maßnahmen des BAFA steht betroffenen Unternehmen grundsätzlich der Verwaltungsrechtsweg offen. Da das LkSG keine weiteren Regelungen des Verwaltungsverfahrens vorsieht, gelten die allgemeinen verwaltungsrechtlichen Grundsätze. Dementsprechend ist insbesondere im Fall von Anfechtungsklagen gegen Anordnungen des BAFA ein Widerspruchsverfahren gemäß §§ 68 ff. VwGO durchzuführen.[87]

Gegen die Verhängung von Bußgeldern können die Unternehmen Einspruch einlegen und anschließend vor den ordentlichen Gerichten eine Klärung herbeiführen.[88]

II. Sonstige Personen

Nach der Gesetzesbegründung soll auch jenen Personen der Verwaltungsrechtsweg offenstehen, die einen Antrag auf Tätigwerden des BAFA gem. § 14 Abs. 1 Nr. 2 LkSG stellen.[89]

Statthaft dürfte dabei in den meisten Fällen eine Verpflichtungsklage nach § 42 Abs. 1 2. Alternative VwGO sein, da das Begehren der Antragsteller im Regelfall darauf gerichtet sein wird, dass das BAFA die nach § 15 LkSG geeigneten und erforderlichen Anordnungen und Maßnahmen trifft, um Verstöße gegen die Sorgfaltspflichten festzustellen, zu beseitigen und zu verhindern. Allerdings besteht bei Vorliegen der Voraussetzungen aus § 14 Abs. 1 Nr. 2 LkSG nur eine Pflicht des BAFA tätig zu werden; es kommt also kein Entschließungsermessen in Betracht. Hingegen hat der Antragsteller keinen Anspruch auf eine bestimmte Maßnahme des BAFA – das Auswahl-

---

86 Vgl. § 125 Abs. 1 S. 1 GWB.

87 Die Ausnahme des § 68 Abs. 1 S. 2 Nr. 1 VwGO findet keine Anwendung, weil es sich bei dem BAFA um eine Bundesoberbehörde, nicht eine oberste Bundesbehörde handelt; s. auch *Dolde/Porsch*, in: Schoch/Schneider, Verwaltungsrecht, 42. EL Februar 2022, § 68 VwGO Rn. 15.

88 Vgl. § 68 des Ordnungswidrigkeitengesetz (OWiG).

89 So der ausdrückliche Hinweis im Gesetzentwurf, S. 55.

ermessen bleibt insofern bestehen. Die Klage müsste daher auf Tätigwerden unter ermessensfehlerfreier Wahl der betreffenden Mittel gerichtet sein.

H. Ausblick

Das LkSG hat über die Grenzen der Bundesrepublik hinweg viel Aufmerksamkeit erfahren. Nach der französischen Loi de Vigilance[90] ist es das erste Gesetz, das ein umfassendes Risikomanagement im Hinblick auf zahlreiche Menschenrechts- und Umweltbelange fordert. Anders als in Frankreich erfolgt die Durchsetzung jedoch nicht primär auf zivilrechtlichem (Klage-) Weg, sondern durch behördliche Maßnahmen.

Noch weiter geht der Entwurf für eine Richtlinie über unternehmerische Sorgfaltspflichten, den die Kommission nach langen internen Auseinandersetzungen im Februar 2022 vorgelegt hat.[91] Dieser Entwurf sieht vor, dass der Anwendungsbereich im Wesentlichen von den Unternehmensumsätzen und Mitarbeiterzahlen abhängt.[92] Letztere sind allerdings niedriger als in dem LkSG. Im Ergebnis dürfte die CSDDD mehr Gesellschaften erfassen. Darüber hinaus nimmt die Kommission in ihrem Entwurf nicht nur die Lieferkette, sondern die gesamte Wertschöpfungskette, also auch sog. "Downstream"-Aktivitäten in den Blick.[93] Ferner ist der Katalog der geschützten Menschenrechte und Umweltbelange länger als im LkSG.

Hinsichtlich der Durchsetzung verlangt die Kommission, dass die Mitgliedstaaten jeweils eine oder mehrere zuständige Behörden benennen, Art. 17 CSDDD-Entwurf. Diese Behörden sollen verschiedene Befugnisse eingeräumt bekommen, Art. 18 CSDDD-Entwurf. Die Befugnisse ähneln stark denjenigen unter dem LkSG. Sie umfassen u.a. das Recht, Informationen zu verlangen oder Untersuchungen durchzuführen.[94] Solche Untersuchungen können die Behörden von Amts wegen durchführen oder aufgrund substantiierter Bedenken, die Dritte an die Behörde herantragen.[95]

---

90 Zu diesem Gesetz und dessen Unterschieden zum LkSG s. *Gambert, S. 123ff.*

91 Commission Proposal for a Directive of the European Parliament and of the Council on Corporate Sustainability Due Diligence and amending Directive (EU) 2019/1937, COM(2022) 71 final, 23.2.2022 – sog. Corporate Sustainability Due Diligence Directive, kurz: CSDDD; im Folgenden: CSDDD-Entwurf.

92 S. Art. 2 CSDDD-Entwurf.

93 S. Art. 3 lit. g sowie z.B. Art. 6 Abs. 1, Art. 7 Abs. 5, Art. 8 Abs. 6 CSDDD-E.

94 S. Art. 18 Abs. 1 CSDDD-Entwurf.

95 S. Art. 18 Abs. 2 CSDDD-Entwurf. Zur Definition substantiierter Bedenken s. Art. 19 CSDDD-Entwurf.

Wenn die Behörde Missstände feststellt, soll sie u.a. deren Beendigung anordnen können.[96] In der Regel sollen derartige Anordnungen aber erst ergehen, wenn das Unternehmen zunächst selbst die Möglichkeit zur Heilung eingeräumt bekommt.[97] Zusätzlich – und ohne die Heilung abwarten zu müssen – soll die Behörde auch Bußgelder verhängen können.[98]

Mit den Bußgeldern ist bereits ein potenzielles Element der Sanktionierung angesprochen. Zur Konkretisierung führt Art. 20 Abs. 3 CSDDD-Entwurf aus, dass Bußgelder, sofern sie vorgesehen werden, umsatzbezogen ausgestaltet sein sollen.

Als weitere "Sanktionen" sieht Art. 22 CSDDD-Entwurf zivilrechtliche Klagen vor. Auf Basis von Art. 24 CSDDD-Entwurf sollen die Mitgliedstaaten anordnen, dass sanktionierte Verletzungen der CSDDD zu einem Ausschluss von öffentlicher Förderung, also namentlich von Beihilfen, führen müssen.

Sollte die CSDDD beschlossen werden, würde die Umsetzung in deutsches Recht wahrscheinlich durch Anpassung des LkSG erfolgen. Das BAFA könnte weiterhin die zuständige Behörde sein und insbesondere die Instrumente der behördlichen Kontrolle und Durchsetzung ließen sich ohne größere Änderungen beibehalten. Der Vorteil des behördlichen Tätigwerdens gegenüber einem (reinen) zivilrechtlichen Ansatz besteht darin, dass das Handeln einer Behörde zu einer einheitlichen Praxis führen und somit besser einschätzbar werden kann. Zudem ist für die Überprüfung der behördlichen Maßnahmen ein erstinstanzliches Gericht zuständig und nicht, wie im Zivilprozess, potenziell viele je nach den Streitparteien und den einschlägigen Regelungen über die örtliche Zuständigkeit.

Allerdings sollte nicht erst bis zu einer Verabschiedung der CSDDD auf europäischer Ebene oder bis zum 30. Juni 2026 als spätester Zeitpunkt der Evaluierung[99] gewartet werden, ehe das LkSG nachgebessert wird. Vielmehr wäre es im Interesse der Rechtssicherheit und gleichen Wettbewerbsbedingungen angezeigt, die vielen Unklarheiten schon vorher auszuräumen.

96 S. Art. 18 Abs. 4 UAbs. 1, Abs. 5 CSDDD-Entwurf.
97 S. Art. 18 Abs. 4 UAbs. 1 CSDDD-Entwurf.
98 S. Art. 18 Abs. 5 CSDDD-Entwurf.
99 Vgl. Gesetzenwurf S. 32, 61, 68 f.

Das französische Sorgfaltspflichtengesetz (Loi de vigilance): Analyse, Praxis und Herausforderungen

*Elisabeth Gambert**

I. Die Analyse des französischen Gesetzes im Vergleich zum deutschen Lieferkettensorgfaltspflichtengesetz

1. Anwendungsbereich des französischen Sorgfaltspflichtengesetzes

Die Anzahl betroffener Unternehmen ist mit 200 verhältnismäßig gering, wobei eine der ersten Schwierigkeiten in der Anwendung des Gesetzes darin besteht, dass mangels klarer behördlicher Zuständigkeit bislang keine offizielle Liste der betroffenen Unternehmen geführt wird und notwendige Informationen, besonders bei nicht börsennotierten Unternehmen, nicht immer öffentlich zugänglich sind.

Der personale Anwendungsbereich des französischen Gesetzes ist enger gefasst als der des deutschen Lieferkettensorgfaltspflichtengesetzes, da es nur auf Unternehmen Anwendung findet, die in Frankreich 5000 oder weltweit 10 000 Arbeitnehmer beschäftigen. Das ist also ein deutlich höherer Schwellenwert als die 3000 (und später 1000) Arbeitnehmer, die das deutsche Gesetz fordert, und auch ein höherer Schwellenwert als 500 Arbeitnehmer, welcher die Verpflichtungen des Antikorruptionsgesetz (Loi Sapin 2) auslöst[1].

Tochtergesellschaften ausländischer Unternehmen, die in Frankreich aktiv sind, sind also nur betroffen, wenn sie diese Schwellenwerte überschreiten, d.h. in Frankreich mehr als 5000 Arbeitnehmer beschäftigen, oder wenn diese frz. Tochtergesellschaften ihrerseits Filialen haben, die weltweit insgesamt mehr als 10 000 Arbeitnehmer beschäftigen.

Diesen Punkt hat Afep stark kritisiert, weil unsere Unternehmen es als unfair empfunden haben, dass ausländischen Konkurrenten von der Sorgfaltspflicht nicht betroffen sind, auch wenn sie in Frankreich signifikante

---

* Die Autorin ist CSR & International Affairs Director bei Afep (Association française des entreprises privées – Vereinigung der französischen Großunternehmen).

1 Zusätzlich zum Arbeitnehmerkriterium (500) sieht die Loi Sapin 2 vor, dass ein Umsatz von mehr als 1 Mio € gemacht werden muss.

Umsätze erzielen. Deshalb ist eine unserer zentralen Forderungen für die zukünftige EU-Regelung, von Umsatzkriterien in der EU auszugehen, und nicht von der Anzahl der Arbeitnehmer.

Auch bei den Rechtsformen gibt es keine uneingeschränkte Anwendung wie in Deutschland. Nur folgende Rechtsformen sind hier betroffen:

- SA (Sociétés anonymes / Aktiengesellschaften),
- SCA (Sociétés en commandite par actions/Kommanditgesellschaft auf Aktien, KGaA),
- SE (societas europaea),
- SAS (Sociétés par actions simplifiées/ vereinfachte AG).

Die SARL (Société à responsabilité limitée, vglb. mit deutscher GmbH) sind nicht betroffen.

2. *Verpflichtungen der betroffenen Unternehmen*

Das **Mutterunternehmen** muss:

(i) Einen Sorgfaltsplan erarbeiten.
(ii) Den Sorgfaltsplan wirksam umsetzen.
(iii) Den Sorgfaltsplan und einen Bericht über seine wirksame Umsetzung im jährlichen Geschäftsbericht veröffentlichen.

Bei Filialen oder kontrollierten Unternehmen, die die Anwendungsschwelle überschreiten, geht der Gesetzgeber explizit davon aus, dass sie ihren rechtlichen Sorgfaltspflichten nachkommen, wenn das Mutter- oder kontrollierende Unternehmen einen Sorgfaltsplan erarbeitet und umsetzt, der alle Filialen und kontrollierten Unternehmen erfasst. In anderen Worten sind die Filialen nicht dazu verpflichtet, eigene Sorgfaltspläne zu erstellen, denn sie sind zwingend im Sorgfaltsplan der Mutter erfasst.

3. *Vom Sorgfaltsplan geschützte Rechtsgüter*

Das frz. Gesetz ist eineinhalb Seiten lang, also 10mal kürzer als das deutsche. Der Gesetzgeber ist hier sehr lakonisch und sagt nur was das Ziel des Sorgfaltsplans ist, nämlich, Risiken und schwerwiegende Verletzungen im Bereich Menschenrechte, Grundfreiheiten, Gesundheit, Sicherheit und Umwelt zu identifizieren und vorzubeugen. Es gibt keinerlei Begriffsbestimmungen oder gar Hinweise auf Verbote wie im deutschen Gesetz. Diese extrem weite und unpräzise Formulierung hat schließlich dazu geführt, dass die ursprünglich vorgesehene Strafsanktion, in Höhe von bis zu 10 Mio €, vom Verfassungsgerichtshof zensuriert wurde.

Die Risiken oder schwerwiegenden Verletzungen können entweder aus der Tätigkeit der Muttergesellschaft resultieren, oder der Tochterunternehmen oder aus Tätigkeiten unmittelbarer Lieferanten oder Subunternehmen, wenn diese in einer gefestigten Geschäftsbeziehung stehen und die Tätigkeit in Verbindung mit der Geschäftsbeziehung steht.

Die Verantwortung der auftraggebenden Gesellschaft für das Verhalten von Lieferanten oder Subunternehmen ist sicher eines der umstrittensten Themen dieses Gesetzes und die Auslegung entsprechender Bestimmung führt zu keinen eindeutigen Ergebnissen, vor allem, wenn es um die Frage geht, ob nur der Rang 1 oder die ganze Lieferkette betroffen ist. Die ursprüngliche Absicht der Abgeordneten war es, die ganze Lieferkette zu adressieren.

Die überwiegende Ansicht in Lehre und Praxis geht jedoch davon aus, dass die Norm ihrem Wortlaut nach nur den Rang 1 betrifft, also ein direktes Vertragsverhältnis mit dem Lieferanten oder ein *„purchase order"* voraussetzt. Die Rechtsprechung hat im Wettbewerbsrecht eine Geschäftsbeziehung als „gefestigt" qualifiziert, wenn sie „regelmäßig", „beständig" und „wesentlich" ist.

Vorstehend benannte Problematik beschäftig bereits heute die Rechtsprechung, auf welche nachfolgend noch einzugehen ist. In Ermangelung offizieller Richtlinien und gefestigter Rechtsprechung bleibt es bislang Sache der Unternehmen, die Bestimmungen ihrem Verständnis nach rechtskonform auszulegen. Ein absurder Effekt dieser Formulierung im Gesetz ist, dass ein Unternehmen theoretisch dazu verleitet sein könnte, oft seine Lieferanten zu wechseln, um der Sorgfaltspflicht zu entgehen, weil es sich in der Folge nicht mehr um eine „regelmäßige", „gefestigte" Geschäftsbeziehung handelt.

Mittelbare Zulieferer sind in Deutschland explizit nur in ganz gewissen Fällen in die Risikoanalyse und den Sorgfaltsplan einzubeziehen, wohingegen in Frankreich große Unklarheit besteht.

Im deutschen Gesetz gibt es eine Liste von neun Sorgfaltspflichten. Das frz. Gesetz schreibt für den Sorgfaltsplan „lediglich" fünf Maßnahmen vor:

(i) **Riskmapping**, also die Analyse und Einstufung der Risiken: Dies ist eine gigantische Arbeit, denn viele frz. Unternehmen haben zehn bis hunderttausend direkte Zulieferer. Die Risikoanalyse dauert hier rund 18 Monate und muss regelmäßig von vorne begonnen werden, weil sich die Risiken ständig verändern können. In der Praxis organisieren die Unternehmen die Einstufung der Risiken nach Ländern, Einkaufskategorien, Einkaufsvolumen (wer sind die „critical suppliers"?) und individuellem Risikoprofil der Zulieferer. Am Ende dieses Prozesses kann ein Unternehmen dann typischerweise eine Liste von rund 1000 (oder mehr) besonders riskanten Lieferanten haben, die es regelmäßig zu bewerten gilt.

(ii) **Regelmäßige Bewertung** der Tochterunternehmen, Subunternehmen und Lieferanten in gefestigter Geschäftsbeziehung: Das können im Fall der Tochterunternehmen ein internes Audit oder je nach Risikoprofil eine Selbstbewertung oder tiefergehende Audits sein, die evt. auch zwischen mehreren Auftraggebern geteilt werden können.

(iii) **Geeignete Maßnahmen** zur Risikoverringerung und Vorbeugung gegen schwerwiegende Verletzungen: Dabei kann es sich um Schulungen der Mitarbeiter handeln, um capacity building der Zulieferer und um Aktionspläne mit konkreten Abhilfemaßnahmen und Zwischenzielen, die die Zulieferer zu erreichen haben, wenn sie in der Geschäftsverbindung bleiben wollen.

(iv) **Warn-und Beschwerdemechanismus:** Dem Gesetz entsprechend soll der Mechanismus in Zusammenwirken mit Gewerkschaften erarbeitet werden. Es sagt nicht für wen der Mechanismus offenstehen soll. Mehrheitlich erfolgt eine Auslegung dergestalt, dass jede betroffene Person, auch außerhalb des Unternehmens, auf diesen Mechanismus Zugriff haben soll.

(v) **Überprüfung der umgesetzten Maßnahmen**, also die Bewertung ihrer Wirksamkeit: Dies hat sich in der Praxis vor allem in den ersten Jahren der Anwendung als sehr schwierig erwiesen, denn die Unternehmen sahen sich mit der Frage konfrontiert, was die geeigneten Indikatoren seien, um besagte Wirksamkeit zu messen. In Betracht kommen die Anzahl der geschulten Mitarbeiter, der Audits, der Geschäftsbeziehungen, die beendet wurden, weil die Zulieferer nicht den Anforderungen entsprochen haben und die Anzahl der Hinweise auf schwerwiegende Verletzungen.

Es wird erkennbar, dass auch hier das deutsche Gesetz viel genauer regelt, was die Sorgfaltspflicht konkret enthalten muss. Es fehlen Kriterien, die es erlauben, die angemessene Weise des Handelns zu beurteilen, wie bspw. das Einflussvermögen des Unternehmens.

4. Drohende Sanktionen bei Nichterfüllung

« Jede Person mit berechtigtem Interesse » kann ein Unternehmen zur Pflichterfüllung auffordern. In der Praxis kann das eine NGO sein oder lokale Bevölkerungsgruppen, die einen Brief an das Unternehmen schreiben. Jedenfalls wird keine offizielle Stelle zum Unternehmen kommen und sagen, „Ihr Sorgfaltsplan ist nicht ausreichend detailliert oder beruht auf einer unzureichenden Risikoanalyse."

Es gibt in Frankreich keine zuständige Behörde. Das ist ein wesentlicher Unterschied zu Deutschland, der eine erhebliche Rechtsunsicherheit für Unternehmen schafft, da sie jederzeit von einer NGO gemahnt und nach drei Monaten verklagt werden können

Wenn ein Unternehmen also nach Ablauf einer dreimonatigen Frist seiner Verpflichtung nicht nachkommt und eine Klage erhoben wird, **hat das zuständige Gericht drei Möglichkeiten:**

(i) **Ein Unternehmen zur Pflichterfüllung anhalten**, ggf. unter Androhung eines Zwangsgeldes,
(ii) **zum Ersatz des Schadens,** den die Erfüllung der Pflicht zu verhindern ermöglicht hätte, **verurteilen** (Zivile Haftung nach Art. 1240 und 1241 Code civil); und
(iii) die **Veröffentlichung, Verbreitung oder Anzeige seiner Entscheidung** anordnen.

In Hinblick auf die zivile Haftung für **Schäden, die die Einhaltung des Sorgfaltsplans hätte vermeiden können**, besteht ein großer Unterschied zum deutschen Gesetz, das ausdrücklich in § 3 Abs. 3 festhält, dass die Verletzung der Pflichten aus dem Gesetz keine spezifische zivilrechtliche Haftung begründet.

Der Aspekt der möglichen zivilen Haftung für Umwelt oder Menschenrechtsverletzungen eines Zulieferers, stößt bei den Unternehmen auf große Besorgnis.

Es gab umfangreiche Debatten zur Frage, ob das Gesetz nun eine **Handlungspflicht** darstellt, wie es seine Autoren behaupten, oder doch eine **Erfolgspflicht,** wie die Unternehmen es befürchten. Der frz. Gesetzgeber wurde hierbei nicht müde zu betonen, dass bei sorgsamer Ausarbeitung und wirksamer Umsetzung eines Sorgfaltsplans keine zivilrechtliche Haftung drohe. Dem gegenüber stehen Befürchtungen der Unternehmen, ein eingetretener Schaden indiziere bereits eine unwirksame Umsetzung und somit eine Haftungsverpflichtung.

Bei den fünf ersten anhängigen Gerichtsverfahren geht es lediglich in einem Fall um zivile Haftung, bei den anderen „nur" um die Einhaltung der Sorgfaltspflicht. Bislang besteht keine Klarheit, wie die Richter das frz. Gesetz auslegen werden.

II. Die Praxis der Unternehmen in den letzten vier Jahren

Es gibt hier mehrere Quellen, die die Umsetzung des Gesetzes durch die Unternehmen bewerten. Auf nachfolgend genannte wird dabei intensiver eingegangen:

- Ein vom Wirtschafts- und Finanzminister Bruno Le Maire in Auftrag gegebener Bericht über den Stand der Umsetzung, der Anfang 2020 veröffentlicht wurde.
- Eine Studie über die Umsetzung des Gesetzes die jährlich von edh (*Entreprises pour les droits de l'homme*) veröffentlicht wird. Das ist eine Vereinigung von 20 Unternehmen, davon sehr viele Mitglieder der afep, die sich auf das Thema Menschenrechte spezialisiert hat.
- Der sogenannte „Radar der Sorgfaltspflicht", der jährlich von den NGOs Sherpa und CCFD-Terre Solidaire veröffentlicht wird.

1. Was sagt der offizielle Bericht des Wirtschaftsministeriums?

(i) **Er empfiehlt eine staatliche Behörde zu betrauen,** die Umsetzung des Gesetzes zu kontrollieren, wozu zuallererst einmal gehört, zu wissen, welche Unternehmen es überhaupt anwenden müssen. Wie gesagt, das klingt absurd, aber es gibt keine offizielle Datenbank, in der Unternehmen nach Arbeitnehmerzahl weltweit und kapitalistischen Beteiligungen abrufbar wären.

(ii) **Er betont die Rechtsunsicherheit für Unternehmen**, die nicht wissen, wie detailliert im Grunde der sorgfaltsplan sein soll und ob er die ganze supply chain erfassen soll; ob die „regelmäßige Bewertung" der Geschäftsbeziehungen jährlich stattfinden muss oder sogar öfter; ob die Abhilfemaßnahmen Land für Land oder Projekt für Projekt dargestellt werden müssen. Der Bericht nimmt hier nicht Position, aber sagt, es gibt zwei Möglichkeiten: entweder die zuständigen Behörden schaffen Klarheit für die Unternehmen, oder man überlässt das der Rechtsprechung.

(iii) **Er lädt zur Erarbeitung branchenspezifischer Initiativen ein,** die den betroffenen Unternehmen hilfreich sein könnten.

(iv) **Er empfiehlt die Ausweitung der Sorgfaltspflicht auf alle Unternehmen in der EU** im Rahmen einer EU-Richtlinie.

2. *Was sagt die Studie der Unternehmensorganisation edh vom Dezember 2020 zu 103 Sorgfaltsplänen, die zwischen Sep. 2019 und August 2020 veröffentlicht wurden?*

Wie bereits angeführt, besteht keine offizielle Liste der betroffenen Unternehmen. **Diese Studie hat rund 100 Sorgfaltspläne, die veröffentlicht wurden, analysiert.** Nicht börsennotierte Unternehmen haben natürlich nicht dieselben Transparenzpflichten und man kann über sie keine so klaren Aussagen treffen. Die edh Studie zum dritten Jahr der Umsetzung gibt Aufschluss über Themen, die in ihrer Umsetzung noch Schwierigkeiten bereiten, aber spiegelt vereinzelt auch *Best Practice*-Ansätze von Unternehmen wieder.

(i) Betreffend die **interne Organisation** der Sorgfaltspflicht:
- 55 % der Unternehmen beschreiben die **Governance des Sorgfaltsplans** und wer für ihn zuständig ist. Die Tendenz steigt eindeutig, denn 2021 waren es **65 %.**
- 43 % davon haben einen **speziellen Sorgfaltsplan Ausschuss** eingerichtet, der Mitarbeiter mehrerer Abteilungen zusammenbringt (CSR, Recht, Risikomanagement, Audit, Internal Control, Compliance, Sicherheit, Procurement etc.). Diese Ausschüsse finden ausschließlich auf Ebene der Mutterunternehmensstatt und werden z.B. vom Chief Compliance Officer, oder vom Generalsekretär geleitet. 2021 waren es **50 %.**
- 24 % erarbeiten den **Sorgfaltsplan mit Gewerkschaftsvertretern** (8 davon erwähnen spezielle Rahmenvereinbarungen auf Konzern-, Länder oder Themenebene). Hier kam es in 2021 lediglich zu einer Steigerung von 2 % auf 26 %.
- 20 % **präsentieren den Sorgfaltsplan vor der höchsten Unternehmungsführungsebene** (Aufsichtsrat, Ausschuss des Aufsichtsrats oder des Direktoriums, Executive Committee…). 2021 sind es 30 %, also ein klarer Anstieg.
- 17 % erwähnen die **Einbeziehung externer Stakeholder** (NGO oder Stakeholder Committees). 2021 sind es **23** %

(ii) Betreffend die **Beschwerdemechanismen:**
- 76 % der **Beschwerdeverfahren sind explizit auch für externe Stakeholders** zugänglich.

- 25 % der **Beschwerdeverfahren sind spezifisch** auf eine Aktivität, ein Land, eine Stakeholdergruppe oder ein Thema zugeschnitten.

(**iii**) Betreffend die **Berichterstattung** über die Sorgfaltspläne:

- 86 % publizieren einen oder mehrere **Indikatoren zur Wirksamkeit des Sorgfaltsplans**, z.B:
- Anzahl der kontrollierten Business Units
- Prozentsatz des Umsatzes aus besonders riskanten Aktivitäten oder Gebieten
- Anzahl der Menschenrechtsaudits
- Anzahl der Selbstevaluierungen
- Prozentsatz der Standorte die als konform bewertet wurden
- Anzahl der Zulieferer die einen Verhaltenskodex unterzeichnet haben
- Anzahl der Beschwerden: per Beschwerdeführer (intern, extern), per Thema, per Geschäftsbereich, per Land etc.
- 65 % beschreiben die Art, wie die **Wirksamkeit des Sorgfaltsplans** überprüft wird:
- 70 % machen das im Rahmen der NFRD Berichterstattung;
- 25 % haben eine spezifische Überprüfung, der im Rahmen des Sorgfaltsplans umgesetzten Maßnahmen eingerichtet;
- 55 % publizieren eine **Zusammenfassung** und verweisen auf andere Information im Geschäftsbericht, die mit dem Sorgfaltsplan in Verbindung stehen
- 32 % der Sorgfaltspläne sind ein **selbst-tragendes Dokument**
- 20 % publizieren einen Sorgfaltsplan mit mehr als 10 Seiten

(**iv**) Betreffend die **Geschäftsbeziehungen:**

- 90 % haben eine Risikoanalyse bezüglich des Procurements erstellt. Die als besonders riskant eingestuften Kategorien sind Textil, seltene Erden, Chemie, Logistik, Bauwesen
- 85 % beschreiben Bewertungen im Rahmen der Vertragsbeziehung, davon 60 % Zuliefereraudits
- 60 % beschreiben vorvertragliche Maßnahmen zum Beispiel über Ausschreibungskriterien oder Bewertung von Lieferanten nach Nachhaltigkeitskriterien

3. Was sagen die NGOs zu der Umsetzung des Gesetzes?

Zwei NGOs, Sherpa und CCFD Terre Solidaire, veröffentlichen einen jährlichen Radar der Sorgfaltspflicht, der immer wieder die Schwierigkeit hervorhebt, zu wissen, wer überhaupt betroffen ist. Das ist eine zentrale Kritik der NGOs.

Die 3. Ausgabe dieses Radars von Juli 2021 behauptet, dass 263 Unternehmen betroffen wären, von denen aber 44 noch immer keinen Sorgfaltsplan veröffentlicht hätten. Es gibt dazu ein online Verzeichnis nach dem Prinzip des „*name and shame*".

Die Strategie der NGOs ist es aber erstaunlicherweise nicht, diese „schwarzen Schafe", die keinen Sorgfaltsplan veröffentlicht haben, zu mahnen, sondern sich eher engagierte Unternehmen auszusuchen, um dadurch den Standard für alle zu heben. Ob diese Strategie aufgehen wird, kann man heute noch nicht sagen, da die Rechtsprechung durchaus zu dem Ergebnis kommen könnte, dass die attackierten Sorgfaltspläne ausreichend sind.

4. *Was sind die Schwierigkeiten in der Praxis, die Unternehmen in der Afep hervorheben?*

(i) **Kein Unternehmen fühlt sich in der Lage, alle weltweiten Risiken alleine zu bewältigen.** Sie alle stellen sich die Frage ihres „Leverage" im Sinn der UNGP, d.h. der Zusammenarbeit mit anderen Stakeholdern, um die Situation auf der Zuliefererkette zu verbessern.

(ii) **Das Thema Zulieferer und Subunternehmen ist ganz klar eines der schwierigsten.** Manche sind grösser als der Auftraggeber und weigern sich zu kooperieren. Manche werden von Staaten aufgezwungen.

(iii) **In manchen Staaten gibt es keine adäquaten Schutzgesetze für Arbeitnehmer oder die Umwelt**, oder sie werden nicht befolgt. Hier kann es extrem schwierig für die Unternehmen sein, ihre Sorgfaltspflicht durchzusetzen. Bspw. die Gewerkschaftsfreiheit, die nicht existiert, oder der Gleichheitsgrundsatz in Staaten, wo Frauen nicht die gleichen Rechte haben. Hier bestehen wiederum Initiativen der ILO, die Unternehmen helfen sollen, die Situationen zu meistern.

(iv) **Ohne zuständige Behörde und mangels gerichtlicher Entscheidungen, bleibt die Auslegung des Gesetzes den Unternehmen und ihren Stakeholdern überlassen.** Es herrscht also relativ große Rechtsunsicherheit. Die laufenden Verfahren werden viel Zeit und Geld beanspruchen, ohne der aktuellen Praxis weiterzuhelfen. Ich werde darauf noch zurückkommen.

III. Anhängige Gerichtsverfahren

Es gibt derzeit (Stand November 2021) fünf Verfahren vor Gericht und zwei Mahnungen.

1. Total / Ölpipeline in Uganda: Mahnung 24/6/2019 – Klage 23/10/2019
2. Total / Klimawandel: Mahnung 19/6/2019 – Klage 28/1/2020
3. EDF / Windpark in Mexiko: Mahnung 3/10/2019 – Klage 13/10/2020
4. Casino / Rindfleisch in Amazonien: Mahnung 21/9/2020 – Klage 3/3/2021
5. Suez / Wasservergiftung in Chile: Mahnung 9/7/2020 – Klage 7/6/2021
6. Teleperformance / Call Centers in Kolumbien: Mahnung 18/7/2019 (UNI Global Union)
7. XPO Logistics / Arbeitsbedingungen in Sub-unternehmen: Mahnung 18/10/2020 (Gewerkschaften)

Nachfolgend wird auf einige besonders interessante Fälle näher eingegangen, die speziell Mitglieder der Afep betreffen.

1. Total / Ölpipeline in Uganda

Am 24. Juni 2019 erhält Total eine Mahnung von zwei französischen NGOs und vier ugandischen Verbänden wegen Nichteinhaltung seiner gesetzlichen Sorgfaltspflichten zur Verhinderung von Menschenrechtsverletzungen im Rahmen seines Ölförderungs- und Pipelineprojekts Tilenga in Uganda.

(i) Worum geht es bzw. was werfen die NGOs Total vor?
- **Der Sorgfaltsplan 2018 erwähne nicht die spezifischen Risiken**, die mit dem Projekt in Uganda verbunden sind.
- Die Enteignung der betroffenen Menschen, die ihr Wohngebiet, ihr Ackerland und ihre Ernten verlieren, habe gegen **unzureichende Entschädigung** stattgefunden, die sie gezwungen gewesen wären zu akzeptieren, oft unter Druck und Einschüchterung.

(ii) Inhaltlich erwidert Total folgendes:
- Der Sorgfaltsplan 2018 identifiziert eine ganze Liste von Menschenrechtsrisiken, darunter explizit die vorübergehende oder dauerhafte Beschränkung des Zugangs zu Land für lokale Gemeinschaften, und die Umsiedlung von Populationen. **Der Sorgfaltsplan kann (und will) jedoch nicht auf jedes industrielle Projekt eingehen.** Total hat rund 1000 Tochterunternehmen in 130

Ländern. Wenn es die spezifischen Risiken jedes Projektes im Sorgfaltsplan beschreibt, hätte dieser tausende Seiten. Trotzdem hat Total im Sorgfaltsplan 2019, der also im Jahr nach der Klage veröffentlicht wurde, die Lage in Uganda als Beispiel genau beschrieben mit Hinweis auf das Abkommen mit der Regierung von Uganda, den Umsiedelungsplänen, den umwelt- und sozialen Verträglichkeitsstudien, dem Dialog mit den lokalen Bevölkerungsgruppen und einem Beschwerdemechanismus.

- Total erwidert außerdem, dass das einvernehmliche Entschädigungs- und Umsiedlungsverfahren der rund 600 betroffenen Personen auf den besten internationalen Standards basiert, insbesondere denen der Weltbank, mit unabhängigen Dritten, die die Werte festsetzen. Die betroffene Bevölkerung hat dann die Wahl zwischen finanzieller Entschädigung oder solcher in natura.

Da Total die Vorwürfe zurückweist, verklagen die sechs NGOs das Unternehmen am 23. Oktober 2019 mit einem Ersuchen um einstweilige Verfügung zur Errichtung von Sorgfaltsmaßnahmen. Das ist somit das erste Verfahren auf Grundlage des französischen Sorgfaltspflichtengesetzes.

Am 30. Januar 2020 erklärt sich das Zivilgericht von Nanterre für unzuständig mit der Begründung, dass die Ausarbeitung eines Sorgfaltsplans "in direktem Zusammenhang mit der Leitung eines Handelsunternehmens" stehe und verweist den Fall an das Handelsgericht von Nanterre.

Das Berufungsgericht von Versailles bestätigt am 10.12.2020 die Entscheidung der ersten Instanz.

Die Beschwerdeführer erheben am 12. April 2021 Berufung. Die Entscheidung des Obersten Gerichtshofs, also des Revisionsgerichts, zu dieser Kompetenzfrage soll Ende 2021 / Anfang 2022 fallen.

2. *Total / Klimaschutz*

Hier ist ein Kollektiv von 13 französischen Gemeinden und 4 französischen NGOs der Auffassung, dass Klimawandel und CO_2 Ausstöße nicht adäquat im Sorgfaltsplan aufscheinen.

Das Kollektiv verlangt von Total zweierlei:

(i) **Die CO2 Ausstöße der Kunden von Total seien im Sorgfaltsplan zu erfassen,** wo hingegen der Sorgfaltsplan von Total nur die CO2 Ausstöße durch seine eigenen Aktivitäten berücksichtigt.

(ii) **Es seien massive Maßnahmen zu treffen, um diese CO2 Ausstöße zu verringern** und mit den Zielen des Pariser Abkommen in Einklang zu bringen. Das Kollektiv verlangt konkret:

a) Eine Reduzierung der Erdölproduktion von 37 % bis 2030 und von 87 % (im Vergleich zu 2010) bis 2050. Das kommt einem Ausstieg aus der Erdölproduktion gleich.

b) Eine Reduzierung der Erdgasproduktion von 25 % bis 2030 und von 75 % (im Vergleich zu 2010) bis 2050.

Total hat auf das Mahnschreiben geantwortet, die CO_2 Ausstöße der Verwender von Erdöl, also das sogenannte „Scope 3“, seien nicht im Anwendungsbereich des Sorgfaltsgesetzes. Total sagt außerdem, dass der Klimawandel ein globales Phänomen ist, das nicht auf ein einzelnes Unternehmen zurückzuführen ist. Total hat berechnet, dass seine Ausstöße weniger als 0.1 % der globalen Ausstöße darstellen, für deren Reduktion es im Rahmen seiner NFRD Berichterstattung eine Strategie umsetzt.

Am 28. Januar 2020 hat sich das Kollektiv deshalb an das **Zivilgericht Nanterre** gewandt, mit einem Ersuchen um einstweilige Verfügung zur Errichtung von Sorgfaltsmaßnahmen die den Ausstoß von Treibhausgasen drastisch senken sollen, um mit dem Ziel des Pariser Abkommens in Einklang zu kommen, welches eine Begrenzung des Temperaturanstiegs auf 1,5°C vorsieht. Die Klageführer sind der Meinung, dass die Klimaambitionen von Total eindeutig nicht im Einklang mit dem Anpassungspfad von 1,5 °C liegen.

Es geht also bei dieser Klage nicht um Schadenersatz, sondern um Einhaltung der Sorgfaltspflicht. Mittlerweile hat Total außerhalb des Sorgfaltsplans ehrgeizige Klimaziele gefasst, weigert sich aber nach wie vor, den Scope 3 in den Sorgfaltsplan zu inkludieren.

Am 11. Februar 2021, also mehr als ein Jahr später, hat das **Zivilgericht Nanterre seine Zuständigkeit bestätigt**. Total hatte eingewandt, dass nicht das Zivilgericht, sondern das Handelsgericht zuständig sei. Das Zivilgericht war hingegen der Auffassung, dass „die Ausarbeitung eines Sorgfaltsplans, (…), nicht mit irgendeiner Produktion oder Lieferung von Waren korreliert. (…) Es handelt sich nicht um eine Handlung zur Ausübung eines Gewerbes (…) (Handel, Industrie, Dienstleistungen).“

Total hat diese Entscheidung bestritten und Berufung eingelegt. Die Entscheidung des Berufungsgerichts (Cour d'appel de Versailles) fiel am 19 November 2021. Beide Parteien haben die Absicht, Berufung zu erheben, wenn die Entscheidung nicht ihren Vorstellungen entspricht, sodass der OGH diese Zuständigkeitsfrage letztlich entscheiden wird, was sicher nicht vor Ende 2022 geschehen wird, und das Verfahren wird dann immer noch den SP von 2018 betreffen. Das ganze Verfahren hat also im Grunde wenig Sinn, aus Sicht des Unternehmens jedenfalls.

Um diese Streitigkeiten zur Kompetenz zu verstehen, sei daran erinnert, dass das französische Sorgfaltspflichtgesetz keine Angaben zum zuständigen Gericht macht. Deshalb beinhaltet ein aktueller Gesetzesentwurf der Regierung („Vertrauen in die Justiz") einen Artikel 34 über die Zuweisung von Rechtsstreitigkeiten im Zusammenhang mit den Sorgfaltspflichten an die Zivilgerichte. Dieses Gesetz sollte also künftige Kompetenzstreitigkeiten vermeiden und die endlosen Debatten über die Zuständigkeit abschließen.

Zur Erklärung soll folgender Hinweis dienen: Das Handelsgericht in Frankreich (*Tribunal de commerce*) ist ein erstinstanzliches Gericht. Im Gegensatz zu deutschen bestehen die französischen Handelsgerichte ausschließlich aus Laienrichtern, den sog. *„juges consulaires"*. Es handelt sich dabei um Kaufleute, Unternehmensvertreter etc., die von ihresgleichen gewählt werden. Die NGOs sind absolut gegen die Zuständigkeit der Handelsgerichte in Sachen Sorgfaltspflichtgesetz, weil sie davon ausgehen, dass die Handelsgerichte im Interesse der Unternehmen entscheiden würden.

3. *Casino / Amazonien*

Die Großhandelskette Casino wurde im September 2020 von 11 französischen, brasilianischen, kolumbianischen und amerikanischen NGOs gemahnt und im März 2021 verklagt:

(i) Auf einstweilige Verfügung zur Erstellung, Durchführung und Veröffentlichung eines konformen Sorgfaltsplans, der den Verkauf von Rindfleisch aus Amazonien durch sein Tochterunternehmen GPA in Brasilien stoppt
(ii) Auf Entschädigung der lokalen Unternehmen in der Höhe von ca. 3,5 Mio €.

Der Fall ist besonders schwierig, weil es die erste Klage auf Schadenersatz ist, und die erste Klage gegen eine Großhandelskette, bei der es um die **Zulieferer des Ranges 2 und 3** für eine Fleischmarke geht, die nicht als Eigenmarke, sondern als **Fremdmarke JBS** in Brasilien gehandelt wird.

In Brasilien gibt es drei Schlachthöfe, die den Markt beherrschen, darunter JBS, der größte Fleischproduzent der Welt und der zweitgrößte Lebensmittelhersteller weltweit nach Nestlé.

Der Sorgfaltsplan von Casino identifiziert Rindfleisch aus Brasilien als „höchst riskant" im Hinblick auf Abholzung, Verletzung der Biodiversität,

Zwangsarbeit und Nichtbeachtung des Arbeitsrechts und hat deshalb seit 2016 folgende Politik eingeführt: die brasilianische Tochter von Casino, GPA, verlangt von allen Direktlieferanten, also JBS e.a., dass sie das sogenannte *„Safe Trace Tool"* mit Satelliten Überwachung verwenden, in das alle Rinderfarmen integriert werden müssen, um die *Tracability* des Rindfleisches zu gewährleisten, sowie, dass die Lieferkette nicht mit legaler oder illegaler Abholzung, Zwangsarbeit oder Ausbeutung indigenen Landes in Verbindung steht. Diese Politik basiert auf einem Protokoll *„Beef on Track"* der NGO Imaflora.

Casino hat in seiner Antwort auf das Mahnschreiben folgendes geltend gemacht:

- Der Sorgfaltsplan hat das Risiko identifiziert.
- Alle 39 direkten Zulieferer (Rang 1) der brasilianischen Filiale müssen diese Politik unterschreiben und *„Beef on Track"* umsetzen.
- 100 % der Rinderfarmen (Rang 2), die direkte Zulieferer der Schlachthöfe sind, werden mit Satelliten überwacht. Verträge mit Schlachthöfen, die das verweigern, werden gekündigt. Dazu gibt es interne und externe Audits, unangekündigte Audits sowie spezielle Weiterbildungsprogramme für Angestellte.
- Das Problem der indirekten Zulieferer (Rang 3) ist nicht vom Sorgfaltspflichtgesetz erfasst und sieht keine Verpflichtung vor, diese indirekten Zulieferer zu kontrollieren, obwohl Casino an Initiativen der *National Worldlife Federation* und *Friends of the Earth* teilnimmt, mit denen man Grundbuchangaben mit Transportinformationen kreuzt, um das Problem der indirekten Zulieferer in den Griff zu bekommen.

Dieser Fall wird inhaltlich extrem wichtig sein, denn eine Entscheidung im Sinne der NGOs würde eine wahre Revolution für den französischen Handel bedeuten. **Es geht hier um die Situation eines engagierten Unternehmens, das einen Zulieferer hat, der viel grösser ist als es selbst.** Casino repräsentiert 0,2 % des Fleischverkaufs in Brasilien. Casino hat eine extrem ambitionierte Politik, aber kann natürlich nicht allein alle indirekten Zulieferer kontrollieren und die Rindfleischzucht in Brasilien reformieren. Es geht hier also auch um die Frage: Erfolgspflicht oder Handlungspflicht?

Was betroffene Unternehmen hier feststellen ist, dass das Gesetz deinem Dialog nicht förderlich ist. Im Fall Casino gab es keine einzige Kontaktierung der brasilianischen Tochter. Ein NGO Report wurde im Juni 2020 veröffentlicht, im September kam die Mahnung über den Presseweg und im März 2021 die Klage. Konkurrenten, die in Brasilien ähnlich große Umsätze machen und das Rindfleischthema in ihrem Sorgfaltsplan gar nicht ansprechen, wurden weder gemahnt noch angeklagt. Fraglich bleibt, ob sich diese Vorgangsweise als effizient erweist, die realen Probleme in Amazonien zu lösen. Eine inhaltliche Entscheidung des Gerichts wird nicht vor Ende 2022 erwartet.

Inzwischen erweist sich das Gerichtsverfahren jedoch als kontrovers, was dem Unternehmen im Rahmen der **ESG Ratings** erheblichen Schaden zufügen kann. Wir wissen auch, dass **Stimmrechtsberater wie ISS solche Prozesse als Kontroversen in ihren *voting policies* berücksichtigen.** Das wiederum kann in der Folge konkrete Auswirkungen auf die Abstimmungen in Hauptversammlungen haben.

Was die anderen Verfahren anbelangt, nur kurz:

- **In Mexiko wird EDF** vorgeworfen, die indigenen Völker nicht ausreichend konsultiert zu haben, bevor es sein Projekt für einen Windpark auf ihren Ländern gestartet hat.
- **In Chile** hatten die Bewohner von Osorno 10 Tage lang kein Wasser, da dieses auf Grund eines Betriebsunfalls eines von **Suez** kontrollierten Unternehmens verseucht wurde.

Zusätzlich gibt es noch 2 Mahnungen gegen zwei Unternehmen, **Teleperformance**, die Callcenterbetreiben, und das Logistikunternehmen **XPO**. Es geht dabei um Arbeitsbedingungen u.a. bei Subunternehmen. Das Besondere bei beiden Fällen ist, dass hier Gewerkschaften erstmals die Mahnungen ausgesprochen haben. Beide Fälle sind noch nicht vor Gericht.

4. Fazit

Wie aufgezeigt wurde, sind im französischen Gesetz viele Aspekte unklar geblieben. Letztlich werden die Gerichte hier im Zuge von jahrelangen Rechtstreitigkeiten das Gesetz auslegen müssen. Wahrscheinlich wäre es sinvoller gewesen, Unternehmen, vergleichbar wie in Deutschland, die Möglichkeit zu geben, sich mit einer zuständigen Behörde auszutauschen, was nun genau unter die Sorgfaltspflicht fällt und was nicht.

Abschließend noch einige Worte in Hinblick auf die geplante Europäische Sorgfaltspflicht.

Afep ist für eine EU-Sorgfaltspflicht, da das zumindest in der EU einem gemeinsamen *Level Playing Field* zuträglich wäre. Allerdings plädieret Afep dafür, die „Fehler“ des französischen Gesetzes nicht zu widerholen und schlägt deshalb folgende Eckpunkte vor:

(i) Was den **Anwendungsbereich** betrifft ist zu fordern,
- dass die EU-Regelung nicht nur EU-Unternehmen betrifft, sondern **alle Unternehmen, die ab einem gewissen Schwellenwert in der EU Produkte oder Dienstleistungen anbieten**. Das ist aus Sicht der Afep extrem wichtig, um unlautere Konkurrenz in Europa zu vermeiden. Das Gleiche fordert Afep auch in Hinblick auf die CSRD, also die neue Nachhaltigkeitstransparenzrichtlinie. Konkret wird vorgeschlagen, einen doppelten Schwellenwert zu integrieren, von dem einer genau derselbe ist, der auch für die CB-CR *(Country by Country Reporting)* zum Greifen kommt: also 750 Mio. € Umsatz weltweit und 40 Mio. € Umsatz in der EU;
- außerdem sollte die **Sorgfaltspflicht nicht nur für Unternehmen gelten, sondern für jede eine wirtschaftliche Tätigkeit ausübende juristische Person, unabhängig von ihrer Rechtsform**, also auch öffentlich-rechtliche Personen z.B. im Rahmen öffentlicher Ausschreibungen.

(ii) Um **Rechtsunsicherheit** wie in Frankreich zu vermeiden, sollte die EU-Regelung genau bestimmen, was die Verpflichtungen der Unternehmen sind, vergleichbar mit dem deutschen Lieferkettensorgfaltspflichtengesetz. Auch die Verpflichtungen der Lieferkette gegenüber sollten klar bestimmt sein, wobei die Afep empfiehlt, dass nur die schwerwiegendsten Risiken erfasst werden sollten, und nur der **Rang 1** von der Sorgfaltspflicht im engeren Sinn betroffen sein kann.

(iii) Was die **geschützten Rechtsgüter** betrifft, empfiehlt die Afep eine ehrgeizige, aber **gesonderte EU-Regelung zur Bekämpfung von Korruption**. Der **Klimawandel ist gesondert zu behandeln**, weil er ein globales Risiko ist, das von einer Vielzahl von Faktoren beeinflusst wird und das nicht auf einzelne Unternehmen zurückgeführt werden kann. Auch hier gibt es zahlreiche EU-Regelungen, die das Erreichen der Klimaziele der EU spezifisch und besser regulieren können als über eine Sorgfaltspflicht.

(iv) Bei der Berichterstattung sollte auf jeden Fall vermieden werden, dass Unternehmen zu **übertriebener und letztlich sinnloser Transparenz** gezwungen werden (bspw. die Veröffentlichung aller Zulieferer der gesamten Lieferkette). Dies führt nicht nur zu tausenden Seiten von Sorgfaltsplänen, sondern auch zur Enthüllung von Geschäftsgeheimnissen.

(v) Wenn die EU eine **Aufsichts- und Kontrollpflicht** durch öffentliche Behörden einführen möchte, so sollte diese möglichst effizient sein, vielleicht unterstützt durch die Prüfung der Sorgfaltspflicht durch unabhängige Dritte, die zeitgleich auch die Nachhaltigkeitsinformationen der Unternehmen überprüfen werden.

(vi) *Last but not least*, die Prinzipien, die das Schadenersatzrecht national regeln, sollten erhalten bleiben, d.h. **den Schaden hat derjenige zu ersetzen, der ihn verursacht.** Die Afep spricht sich **gegen ein Forum-Shopping** aus, das mit einer Änderung der Brüssel I und Rome II Verordnungen einhergehen würde.

Lieferkettensorgfalt aus Bankensicht

*Dr. Christian Wagemann**

I. Ausgangsüberlegungen

Das Gesetz über die unternehmerischen Sorgfaltspflichten zur Vermeidung von Menschenrechtsverletzungen in Lieferketten[1] („LkSG") wird am 01.01.2023 in Kraft treten. Es begründet menschenrechtliche und umweltbezogene Sorgfaltspflichten in Unternehmen. Es versteht sich als Schritt im Hinblick auf die von den Vereinten Nationen („VN") verabschiedete Agenda 2030[2] und ist damit eingebunden in die mit ihr verfolgten siebzehn Nachhaltigkeitsziele (Sustainable Development Goals, SDGs). Diese sollen für ein neues globales Wohlstandsverständnis stehen, das über eine Betrachtung des Pro-Kopf-Einkommens hinausreicht und Volkswirtschaften zu einer nachhaltigeren Entwicklung übergehen lässt.[3] Der Gesetzgeber beabsichtigt mit dem Lieferkettensorgfaltspflichtengesetz außerdem, die vom VN-Menschenrechtsrat 2011 verabschiedeten Leitprinzipien für Wirtschaft und Menschenrechte[4] und den von der Bundesregierung 2016 beschlossenen Nationalen Aktionsplan für Wirtschaft und Menschenrechte[5] umzusetzen.[6] Zuletzt hat sich der Bundesarbeitsminister im Rahmen der deutschen G7-Präsidentschaft für mehr internationale Standards für Menschenrechte ausgesprochen.[7]

Diese Zielsetzungen fügen sich für die Finanzwirtschaft in ein bestehendes Themenfeld ein. Zahlreiche Banken und Finanzdienstleister – in

---

* Der Autor ist Rechtsanwalt und Head of Corporate & Infrastructure Compliance bei Deutsche Bank AG.

1 Gesetz über die unternehmerischen Sorgfaltspflichten zur Vermeidung von Menschenrechtsverletzungen in Lieferketten, ausgefertigt am 16.07.2021, BGBl. I S. 2959.

2 BReg, Entwurf LkSG, BT-Drs. 19/28649, S. 1.

3 https://www.bmz.de/de/agenda-2030.

4 VN-Menschenrechtsrat, Resolution 17/4 vom 16.06.2011.

5 BReg, Beschluss vom 16.12.2016.

6 BReg, Entwurf LkSG, BT-Drs. 19/28649, S. 1.

7 G7-Präsidentschaft: Arbeitsminister Heil will mehr Menschenrechte, Business & Human Rights Resource Centre vom 09.05.2022, verfügbar unter www.business-humanrights.org/en/latest-news.

Deutschland zurzeit 46 – sind bereits seit längerem dem seit 2000 existierenden UN Global Compact beigetreten.[8] Dieser ist ein *freiwilliger* Zusammenschluss von Unternehmen, Organisationen und den Vereinten Nationen. Er enthält zehn Prinzipien, die sich mit den Nachhaltigkeitszielen weitgehend decken, sowie eine Selbstverpflichtung für die teilnehmenden Unternehmen, sich für Menschenrechte, gerechte Arbeitsbedingungen, Umweltschutz und Korruptionsbekämpfung einzusetzen. Thematisch handelt es sich aus Bankensicht bei den Zielen, die das Lieferkettensorgfaltspflichtengesetz verfolgt, deshalb um keine fundamentalen Neuerungen. Hinzu kommt, dass der UN Global Compact schon durch weitere freiwillige Regelwerke im Finanzsektor ergänzt worden ist, etwa 2003 durch die Äquator-Prinzipien zur Einhaltung von Umwelt- und Sozialstandards bei Projektfinanzierungen[9] und zuletzt 2019 durch die – vornehmlich als Kontroll- und Ablaufzyklus entworfenen – UN Principles for Responsible Banking.[10]

Diesem Trend zur Selbstverpflichtung folgend haben Banken und Finanzdienstleister ihre Nachhaltigkeitsstrategie seit einigen Jahren immer umfassender ausgestaltet; die Webpräsenzen der größeren Kreditinstitute in Deutschland geben hierüber anschaulich Auskunft. Die Grundlagen und Schwerpunkte hierfür können sich je nach Eigentümerstruktur, Geschäftsstrategie, Historie und dem tatsächlichen Vernetzungsgrad unterscheiden, etwa ob es sich um eine staatliche Förderbank, eine Genossenschaftsbank oder eine international tätige Geschäftsbank handelt. Dass die multinationalen Unternehmen des Finanzsektors zu den am stärksten vernetzten Unternehmen weltweit gehören, dürfte dabei unstrittig sein. Auch der Bundesverband deutscher Banken (BdB) hat in seinem 2020 veröffentlichten Positionspapier „Sustainable Finance“ den Klimaschutz und das nachhaltige Wirtschaften als Ziele für die von ihm vertretenen 170 Kreditinstitute betont.[11]

Ergänzend zu diesem Trend der Selbstverpflichtung, der um die Jahrtausendwende einsetzte, bevorzugt der deutsche Gesetzgeber mit dem Lieferkettensorgfaltspflichtengesetz eine umfassende staatliche Verpflichtung von Unternehmen. Diese Präferenz der Gesetzgeber zeichnet sich seit einigen Jahren ab: In Großbritannien tätige Banken kennen einen solchen Ansatz im Bereich der Menschenrechte vom UK Modern Slavery Act 2015,

---

8 www.unglobalcompact.org.

9 www.equator-principles.com.

10 www.unepfi.org/banking/bankingprinciples.

11 www.bankenverband.de/themen/sustainable-finance-der-beitrag-der-privaten-banken.

wenngleich die Pflicht dort nur eine Transparenzpflicht derart ist, dass das Unternehmen eine Erklärung über die Maßnahmen zur Verhütung von Sklaverei und Menschenhandel jährlich abzugeben hat (Section 54). In diese Richtung wies bisher auch die CSR-Richtlinie 2014/95/EU.[12] Sie hat die Pflicht zur Unternehmensberichterstattung, die kapitalmarktorientierte Kreditinstitute betrifft, um Nachhaltigkeits- und Diversitätsaspekte erweitert. Die dort bestimmten Pflichten zu einer nichtfinanziellen Erklärung bzw. zu einem gesonderten nichtfinanziellen Bericht (§§ 289b Abs. 1, 315b Abs. 1 und 3 HGB) gehen nach verbreiteter Auffassung in ihrer Wirkung bereits über eine Berichtslegung (Information) hinaus und enthalten Merkmale einer (indirekten) Verhaltenssteuerung im Unternehmen.[13] Sie erstrecken sich gegenständlich bereits auf die vom Lieferkettensorgfaltspflichtengesetz in den Blick genommenen Menschenrechts- und Umweltrisiken, wobei Unternehmen berechtigt und verpflichtet sind, Risiken nach ihrer Wesentlichkeit zu unterscheiden, d.h. nach dem Maß an Verknüpfung mit der Geschäftstätigkeit und den wahrscheinlichen negativen Auswirkungen (§ 289c Abs. 3 Nr. 3 HGB). Nicht-finanzielle Erklärungen von Unternehmen müssen zudem gemäß Art. 8 der Taxonomie-Verordnung (EU) 2020/852[14] mit Wirkung vom 01.01.2022 noch ausführlichere Angaben darüber enthalten, wie und welchem Umfang die Wirtschaftstätigkeit des Unternehmens als ökologisch nachhaltig im Sinne der Verordnung anzusehen ist. Bereits seit November 2020 erwartet die EZB, dass auch die Kapitalplanung gemäß Art. 73 CRD[15] Klima- und Umweltrisiken berücksichtigt, wobei an dieser Stelle lediglich das physische Risiko (z.B. Überschwemmungen) und das Übergangsrisiko (z.B. „stranded assets") im Vordergrund stehen.[16]

---

12 Richtlinie 2014/95/EU vom 22.10.2014 zur Änderung der Richtlinie 2013/34/EU im Hinblick auf die Angabe nichtfinanzieller und die Diversität betreffender Informationen durch bestimmte große Unternehmen und Gruppen.

13 Spießhofer, CSR Reporting – EU-Richtlinie und Umsetzungsgesetz, in: Nietsch (Hrsg.): Compliance und soziale Verantwortung im Unternehmen, S. 29, 33.

14 Verordnung (EU) 2020/852 vom 18.06.2020 über die Einrichtung eines Rahmens zur Erleichterung nachhaltiger Investitionen und zur Änderung der Verordnung (EU) 2019/2088.

15 Richtlinie 2013/36/EU vom 26.06.2013 über den Zugang zur Tätigkeit von Kreditinstituten und die Beaufsichtigung von Kreditinstituten und Wertpapierfirmen.

16 EZB, Leitfaden zu Klima- und Umweltrisiken, November 2020, https://www.bankingsupervision.europa.eu/ecb/pub/pdf/ssm.202011finalguideonclimate-relatedandenvironmentalrisks~58213f6564.de.pdf.

Derweil diese unionsrechtlichen Vorgaben neue Gegenstände in vorhandene Strukturen wie z.B. die Unternehmensberichtserstattung und das Risikomanagement einbetten, formuliert § 3 Abs. 1 LkSG eigene Strukturen einer Aufbau- und Ablauforganisation. In dem bank- und kapitalmarktrechtlich ohnehin stark verdichteten Umfeld stellt sich daher die Frage, welche Gegebenheiten geeignet sind, die neuen Organisationspflichten zu erfüllen, und welche Strukturen hinzugefügt werden müssen.

II. Welche Strukturen sind vorhanden und geeignet?

Ein Vorzug ist, dass die Vorschrift des § 3 Abs. 1 LkSG die Sorgfaltspflichten *katalogmäßig* aufführt und auf diese Weise die Organisationspflicht des Unternehmens begrenzt. Anhand dieses Katalogs kann untersucht werden, ob und wie die Mindestelemente, die aus bank- und kapitalmarktrechtlichen Gründen ohnehin vorgehalten werden, zugleich der Erfüllung der Sorgfaltspflichten dienen können.

1. Funktionselemente der Steuerung

Vier der insgesamt neun Sorgfaltspflichten enthalten Elemente der Steuerung, d.h. die Einrichtung eines Risikomanagements, die Festlegung einer betriebsinternen Zuständigkeit, die Durchführung regelmäßiger Risikoanalysen sowie die Dokumentation und Berichterstattung (§ 3 Abs. 1 Satz 2 Nr. 1, 2, 3 und 9 LkSG). Pflichten zur Risikosteuerung in Bezug auf Dritte sind dem Finanzsektor nicht neu, sondern durch die Tragweite des Kreditgeschäfts seit jeher gegeben. Herausragende Bedeutung hat mithin das Kreditrisikomanagement, insbesondere die Vorgaben zur Kreditprüfung und in Bezug auf Groß- und Millionenkredite (§§ 13 ff. KWG). Die zunehmende Arbeitsteilung unter Einschluss von Ressourcen außerhalb der eigenen Organisation erfordert außerdem, besondere Pflichten in Bezug auf die Indienstnahme Dritter vorzusehen, namentlich bei Auslagerung eigener Betriebstätigkeit (§ 25b KWG) oder Verwendung vertraglich gebundener Vermittler (§ 25e KWG). Die zentrale Funktion von Kreditinstituten als Zahlstellen hat weiter dazu geführt, dass Institute und Institutsgruppen interne Sicherungsmaßnahmen zur Verhütung strafbarer Handlungen zu Lasten des Instituts und zur Verhütung von Geldwäsche und Terrorismusfinanzierung ergreifen müssen (§ 25h KWG). Im Bereich des Wertpapiergeschäfts gelten für sie zudem Organisationspflichten, die in Umsetzung von Art. 16

der Finanzmarktrichtlinie 2014/65/EU[17] („MiFID“) vor allem in den § 80 WpHG und der DelVO (EU) 2017/565[18] niedergelegt sind. Auch hier steht das Risikomanagement im Vordergrund, etwa in Gestalt einer Compliance-Organisation im Sinne des Art. 22 DelVO 2017/565 und eines Risikomanagements im Sinne des Art. 23 DelVO 2017/565.

Diese Funktionselemente könnten Institute auch für das Management von Umwelt- oder Menschenrechtsrisiken einsetzen. Die Nachhaltigkeitsberichte der größeren Kreditinstitute künden vielfach bereits davon, etwa soweit Anti-Geldwäsche- bzw. Compliance-Abteilungen die Überwachung von Sanktionen und Embargos auch auf Menschenrechtsrisiken erstrecken oder das Reputationsrisikomanagement Umweltrisiken einschließt. Beim Einkauf von Waren und Dienstleistungen wird regelmäßig die Einkaufsabteilung federführend sein, eventuell unterstützt durch Einheiten des Risikomanagements. Welche Funktionsträger – Nachhaltigkeits- oder Risikomanagement, Anti-Geldwäsche-, Compliance- oder Einkaufsabteilung – herangezogen werden, hängt von den Gegebenheiten des jeweiligen Instituts ab.

2. *Funktionselemente einer Grundsatzerklärung*

Die Sorgfaltspflichten verlangen u.a. die Abgabe einer Grundsatzerklärung der Geschäftsleitung zu Mindestelementen der Menschenrechtsstrategie (§ 9 Abs. 1 Satz 2 Nr. 4 i.V.m. § 6 Abs. 2 LkSG). Grundsatzerklärungen haben keine Vorläufer im Bank- und Kapitalmarktrecht. Für die kleineren Institute kann es sich mithin um eine Neuerung handeln. Für Institute mit einer Tätigkeit in Großbritannien war bisher eventuell bereits die Pflicht zu einer jährlichen Erklärung über die Maßnahmen zur Verhütung von Sklaverei und Menschenhandel (Section 54 des UK Modern Slavery Act 2015) gegeben. Eine solche Grundsatzerklärung dürfte häufig zudem eine Verwandtschaft aufweisen mit – bei größeren Instituten anzutreffenden – Erklärungen zur Nachhaltigkeit und CSR, auch und gerade im Zusammenhang bei nicht-finanziellen Erklärungen bzw. Berichten (§§ 289b Abs. 1, 315b Abs. 1 und 3 HGB). Auch die in den letzten zwei Jahrzehnten

17 Richtlinie 2014/65/EU vom 15.05.2014 über Märkte für Finanzinstrumente sowie zur Änderung der Richtlinien 2002/92/EG und 2011/61/EU.

18 Delegierte Verordnung (EU) 2017/565 vom 25.04.2016 zur Ergänzung der Richtlinie 2014/65/EU in Bezug auf die organisatorischen Anforderungen an Wertpapierfirmen und die Bedingungen für die Ausübung ihrer Tätigkeit sowie in Bezug auf die Definition bestimmter Begriffe für die Zwecke der genannten Richtlinie.

üblich gewordenen Verhaltens- und Ethikkodizes enthalten häufig bereits das Merkmal einer Grundsatzerklärung des Unternehmens. Ein kursorischer Blick auf die Webpräsenzen der größeren Kreditinstitute in Deutschland gibt deshalb Grund zur Annahme, dass insoweit nur wenig Übergangs- bzw. Anpassungsbedarf besteht.

3. *Funktionselemente eines Beschwerdeverfahrens*

Zu den Sorgfaltspflichten rechnet ferner die Einrichtung eines Beschwerdeverfahrens, d.h. eines Hinweisgeberfahrens in Bezug auf menschenrechtliche und umweltbezogene Risiken und Verletzungen durch jeden, der selbst unmittelbar betroffen ist oder der Kenntnis davon erlangt hat (§ 9 Abs. 1 Satz 2 Nr. 7 i.V.m. § 8 LkSG). Ein ähnliches Hinweisgeberverfahren ist für Kredit- und Wertpapierinstitute bereits verpflichtend vorgeschrieben; es erstreckt sich in persönlicher Hinsicht auf Mitarbeiter und gegenständlich auf Verstöße gegen Aufsichtsrecht und – im Falle von Wertpapierinstituten – möglicherweise strafbare Handlungen (§ 25a Abs. 1 Satz 4 Nr. 3 KWG; § 13 Abs. 1 WpIG). Der von der Whistleblower-Richtlinie (EU) 2019/1937[19] geforderte branchenübergreifende Schutz von Personen, die Verstöße in Unternehmen gegen das Unionsrecht melden, wurde vom deutschen Gesetzgeber bisher noch nicht geschaffen. Im Finanzsektor sind daher schon jetzt Beschwerdeverfahren eingerichtet, die an die Zwecke und Verfahrensvorgaben des Lieferkettensorgfaltspflichtengesetzes rasch angepasst werden können. Hervorhebung verdient, dass das Beschwerdeverfahren auch für externe Personen zugänglich sein muss (§ 9 Abs. 1 LkSG), was größere Kreditinstitute – über die kapitalmarktrechtlichen Vorgaben in Deutschland hinaus – bereits ermöglichen; sonst besteht für Institute Anpassungsbedarf.

4. *Zwischenergebnis*

Ein Teil der Sorgfaltspflichten nach § 3 Abs. 1 LkSG – die der Steuerung (Nr. 1, 2, 3 und 9), der Abgabe einer Grundsatzerklärung (Nr. 4) und der Einrichtung eines Beschwerdeverfahrens (Nr. 7) – ähnelt vorhandenen Funktionselementen in der Aufbau- und Ablauforganisation eines Kredit-

---

19 Richtlinie (EU) 2019/1937 vom 23.10.2019 zum Schutz von Personen, die Verstöße gegen das Unionsrecht melden.

instituts. Es ist daher anzunehmen, dass die meisten Institute die Möglichkeit sehen, die Sorgfaltspflichten an diesen Stellen durch Anknüpfung oder Ausweitung etablierter Prozesse ressourcensparsam umzusetzen. — Nicht mehr gedeckt von vorhandenen Strukturen scheinen all jene Sorgfaltspflichten zu sein, die konkrete Vorgaben für das Verhalten zur bzw. bei Aufdeckung von mutmaßlichen Verstößen gegen Menschenrechte und Umweltpflichten beinhalten (dazu im folgenden Abschnitt).

III. Welche Strukturen kommen hinzu?

Typologisch neu sind die konkreten Vorgaben, wie Unternehmen sich verhalten müssen, um Verstöße gegen Menschenrechte und Umweltpflichten zu verhüten bzw. aufzudecken und entdeckte Verstöße abzustellen (sog. Präventions- und Abhilfemaßnahmen, § 3 Abs. 1 Nr. 5, 6 und 8 LkSG). Grundlegend ist die vom Gesetzgeber definierte Lieferkette, bestehend aus dem eigenen Geschäftsbereich, dem unmittelbaren Zulieferer und dem mittelbaren Zulieferer (§ 2 Abs. 5 Satz 2 LkSG). Die strengsten Handlungspflichten gelten für Verstöße im eigenen Geschäftsbereich, weil hier die Abhilfemaßnahme zu einer Beendigung der Verletzung führen *muss* (§ 7 Abs. 1 Satz 2 LkSG). Bei unmittelbaren Zulieferern ist im ersten Schritt lediglich ein Konzept zur Risikominimierung zu erstellen (Abs. 2); erst wenn dieses erfolglos geblieben ist, muss das Unternehmen als ultima ratio die Geschäftsbeziehung beenden (Abs. 3 Nr. 2). Bei mittelbaren Zulieferern braucht das Unternehmen sogar nur anlassbezogen und bei substantiierter Kenntnis über einen möglichen Verstoß gegen Menschenrechte oder Umweltpflichten zu reagieren (§ 9 Abs. 3 LkSG). Jedes vorsätzliche oder fahrlässige Unterlassen von Präventions- oder Abhilfemaßnahmen stellt eine Ordnungswidrigkeit dar, die mit einem Bußgeld von bis zu 800.000 Euro bzw. 2 % des Konzernumsatzes bei juristischen Personen mit einem Konzernumsatz von mehr als 400 Millionen Euro geahndet werden kann (§ 24 Abs. 2 Nr. 1, Abs. 3 LkSG).

1. Die Bedeutung des eigenen Geschäftsbereichs

Aus diesem Grund ist es für Kreditinstitute wichtig, die Reichweite des eigenen Geschäftsbereichs zutreffend einzuschätzen: Der Begriff des eigenen Geschäftsbereichs ist in § 2 Abs. 6 LkSG legal definiert und erstreckt sich auf jede Tätigkeit zur Erreichung des Unternehmensziels, d.h. jede Tätigkeit zur Erstellung und Verwertung von Produkten und zur Erbringung von Dienstleistungen. Grundsätzlich endet die Lieferkette mit der Lieferung an den Endkunden (Abs. 5 Satz 2). Der Gesetzgeber hat klargestellt, dass zu der Erbringung einer Dienstleistung auch jede Form von Finanzdienstleistung gehört.[20] Mit der Kreditvergabe wird eine Investition ermöglicht, die weitere Produktionsprozesse freisetzt.[21]

Daraus wird zum einen gefolgert, dass die kreditgebende Bank Zulieferer aus Sicht des Unternehmens ist und so in dessen Lieferkette einbezogen ist. Erkennbar wird aber auch, dass der Gesetzgeber unter bestimmten Voraussetzungen das kreditnehmende Unternehmen (noch) als Teil der Dienstleistung des Kreditinstituts und damit zu dessen Geschäftsbereich gehörend betrachten möchte. So heißt es in der Gesetzesbegründung:

> *„Daraus folgt aber … nicht, dass Finanzdienstleister, die einen Kredit vergeben …, Sorgfaltspflichten nach diesem Gesetz über den Kreditnehmer … hinaus trifft. Nach Sinn und Zweck des Gesetzes, wonach mit den Sorgfaltspflichten gewisse Informations- und Einflussnahmemöglichkeiten einhergehen müssen, ist es nur bei Krediten …, die so bedeutend sind, dass mit ihnen typischerweise besondere Informations- und Kontrollmöglichkeiten einhergehen, gerechtfertigt, den Endkunden in die Lieferkette einzubeziehen.“*[22]

Vor diesem Hintergrund wird vertreten, dass Kreditnehmer immer in den Geschäftsbereich des Kreditinstituts fielen, Endkunden des Kreditnehmers dagegen nur ausnahmsweise.[23] Diese Sichtweise hat gegen sich, dass das Gesetz den Begriff des Endkunden nur in § 2 Abs. 5 Satz 2 LkSG verwendet und diesen offenbar als Endpunkt der Lieferung und der Lieferkette überhaupt betrachtet. Ein „Endkunde nach dem Endkunden“, auf den die stetige Einbeziehung aller Kreditnehmer in den Geschäftsbereich eines Kreditinstituts hinausliefe, kennt das Gesetz nicht; eine Mehrstufigkeit hat es nur für die Zuliefererseite, nicht für die Vertriebsseite bejaht. Die nur in der Gesetzesbegründung vorgenommene Unterscheidung zwischen „Kunde“ und „Endkunde“ passt somit allenfalls dort, wo das Kreditinstitut als mittelbarer Zulieferer aus Sicht des produzierenden Unternehmens wahrgenommen wird. Ertragreich erscheint vielmehr die Feststellung des Gesetzgebers, dass das Bestehen von Informations- und Einflussnahmemöglich-

---

20 BReg, Entwurf LkSG, BT-Drs. 19/28649, S. 40.

21 BReg, Entwurf LkSG, BT-Drs. 19/28649, S. 40.

22 BReg, Entwurf LkSG, BT-Drs. 19/28649, S. 40.

23 Initiative Lieferkettengesetz, Fragen und Antworten zum neuen Lieferkettengesetz, Oktober 2021, Abschnitt II.7, S. 9 f.; a.A. Bettermann/Hoes, BKR 2022, 23, 26 f.; krit. Nietsch/Wiedmann, CCZ 2021, 101, 103.

keiten für die Erfüllung von Sorgfaltspflichten konstitutiv ist.[24] Diese Aussage steht im Einklang mit dem in § 3 Abs. 2 LkSG enthaltenen Angemessenheitsprinzip und der Konkretisierung, dass sich die Sorgfaltspflichten u.a. nach dem Einflussvermögen auf den unmittelbaren Verursacher eines Verstoßes richten müssen (Nr. 2). Zudem geht es lediglich darum, Kredite über ihre immanenten Merkmale hinaus in ihrer Wirksamkeit beim Empfänger zu begreifen; hierin liegt beim Kredit wegen der Tilgung ein wesentlicher Unterschied zu Geschäften mit bloßer Tauschfunktion. Daran anknüpfend fällt auf, dass auch der Gesetzgeber die Informations- und Einflussnahmemöglichkeiten bei Krediten nur ausnahmsweise für hinreichend hält, z.B. wenn die Schwelle für Großkredite nach Art. 392 der Kapitaladäquanzverordnung (EU) 575/2013[25] („CRR") überschritten wird, d.h. der Kredit mehr als 10 % des Kernkapitals des Instituts beträgt.[26] Hinzu kommt, dass der Gesetzgeber bei einer „Vermittlung" von Finanzdienstleistungen den Endkunden nicht dem Geschäftsbereich zuordnet.[27] Dies dürfte in der Praxis dazu führen, dass viele Finanzdienstleistungen im Sinne von § 1 Abs. 1a KWG bzw. Wertpapierdienstleistungen im Sinne von § 2 Abs. 2 WpIG von der Einbeziehung in den Geschäftsbereich des Instituts ausgenommen sind. Ohnehin enger ist die Sichtweise, dass der Kreditnehmer immer außerhalb des Geschäftsbereichs eines Kreditinstituts stehe.[28] Diese Auffassung vertritt inzwischen auch das Bundesamt für Wirtschaft und Ausfuhrkontrolle (BAFA).[29]

Eine weitere Einschränkung, die auch das Tätigkeitsspektrum des Instituts selbst betrifft, kann möglicherweise der Finalität des Begriffs „eigener Geschäftsbereich" entnommen werden. Der Begriff erfasst jede Tätigkeit *zur* Erreichung des Unternehmensziels (§ 2 Abs. 6 Satz 1 LkSG). Dies deckt sich mit dem Begriff der Lieferkette, der alle Schritte umfasst, die zur Herstellung der Produkte und zur Erbringung der Dienstleistungen erforderlich sind (Abs. 5 Satz 2). Der Gesetzgeber hat am Beispiel des Versicherungsunternehmens verdeutlicht, dass die Anlage von Vermögenswerten

---

24 BReg, Entwurf LkSG, BT-Drs. 19/28649, S. 40.

25 Verordnung (EU) Nr. 575/2013 vom 26.06.2013 über Aufsichtsanforderungen an Kreditinstitute.

26 BReg, Entwurf LkSG, BT-Drs. 19/28649, S. 40.

27 BReg, Entwurf LkSG, BT-Drs. 19/28649, S. 40; Nietsch/Wiedmann, CCZ 2021, 101, 104.

28 Bettermann/Hoes, BKR 2022, 23, 28.

29 BAFA, Fragen und Antworten zum Lieferkettengesetz, Stand: 03.01.2023, Abschnitte VI.8 und VI.9, www.bafa.de/DE/Lieferketten/Ueberblick/ueberblick.node.html.

nicht zur Lieferkette gehört.[30] Es wird daher vertreten, dass Schritte, die nur einen allgemeinen Beitrag zur Betriebstätigkeit leisten (z.B. Kantine, Facility Management, Sicherheitsdienst), nicht zum eigenen Geschäftsbereich rechnen.[31]

2. *Die Bedeutung von Informations- und Kontrollrechten*

Bei Endkunden, die wegen bestehender Informations- und Einflussnahmemöglichkeiten zum Geschäftsbereich des Kreditinstituts zu rechnen sind, müsste das Institut den aufgedeckten Verstoß unterbinden oder – falls dies nicht möglich ist – die Geschäftsbeziehung beenden. Fraglich könnte im Einzelfall daher sein, welche sonstigen Informationsrechte das Institut überhaupt gegen sich gelten lassen muss: Nach § 18 Satz 1 KWG müssen die wirtschaftlichen Verhältnisse bereits dann offengelegt werden, wenn der Kredit 750.000 Euro übersteigt. Zudem können institutsinterne Regelungen existieren, die eine Offenlegung bei schon geringeren Volumina vorsehen. In Betracht kommen außerdem Informationsrechte aus anderen Gründen als der Steuerung des Kreditrisikos, etwa die verstärkten Sorgfaltspflichten nach § 15 GwG, wenn und soweit diese einen Einblick in menschenrechtliche oder Umweltrisiken gestatten. Jedoch ist zu bedenken, dass im Geldwäscherecht der Zweck darin besteht, fragwürdige Transaktionen und Geschäftsbeziehungen an die zuständige Behörde zu melden, während die Lieferkettensorgfalt eine unverzügliche Intervention des Unternehmens gebietet. Hier fällt bei der Bewertung möglicherweise auch ins Gewicht, dass der Gesetzgeber den Begriff des eigenen Geschäftsbereichs wertend versteht und ihm dasjenige zuordnen möchte, was in einem „so engen Zusammenhang mit dem Risiko" steht, dass eine unverzügliche Beendigung der Verletzung erwartet werden kann.[32]

Fraglich könnte ferner sein, ob das Institut lediglich den Teil der Geschäftsbeziehung, aus dem die Informations- und Einflussnahmerechte erwachsen, oder jedwede Geschäftsbeziehung beenden muss. Konkret könnte sich bei Projektfinanzierungen für risikobehaftete Vorhaben die Frage stellen, inwieweit das Institut auch von fortlaufenden Betriebsmittelkrediten oder der bloßen Vermittlung von Finanzdienstleistungen absehen muss. Einer solchen Ausdehnung zuwider sollte berücksichtigt werden,

---

30 BReg, Entwurf LkSG, BT-Drs. 19/28649, S. 40.
31 Bettermann/Hoes, BKR 2022, 23, 24; Gehling/Ott/Lüneborg, CCZ 2021, 230, 233.
32 BReg, Entwurf LkSG, BT-Drs. 19/28649, S. 48.

dass die Interventionspflicht des Unternehmens Spiegelbild der Hoheit über den eigenen Geschäftsbereich ist (vgl. § 7 Abs. 1 Satz 2 LkSG) und dieser auch bei Krediten sich nur ausnahmsweise auf die gesamten Verhältnisse des Endkunden erstreckt; die Verantwortlichkeit sollte auch hier durch ihre Grundlage begrenzt sein.

Fraglich sein könnten zuletzt auch Finanzierungen von Holding-Gesellschaften oder Unternehmensgruppen, wo der entdeckte Verstoß sich über mehrere Unternehmensteile oder Projekte erstreckt und sich einem einzelnen Finanzierungsinstrument nicht ausschließlich zuordnen lässt.

3. Zwischenergebnis

Als Ergebnis wird deutlich: Die Vorgaben zur Verhütung, Aufdeckung und Abhilfe von Verstößen könnten bei Zugrundelegung der Gesetzesbegründung zur Folge haben, dass Kreditinstitute im Unternehmen des Kreditnehmers wegen eines Verstoßes intervenieren und ggf. eine Finanzierung beenden müssen. Diese Pflicht aber setzt voraus, dass die Finanzierung für das Institut mit einer Informations- und Einflussnahmemöglichkeit einhergeht und der Kreditnehmer deshalb als Teil des Geschäftsbereichs erscheint; sie entfällt bei einer bloßen Vermittlung von Finanzdienstleistungen. Hier könnten sich in der Praxis Abgrenzungs- und Zweifelsfragen stellen, sofern sich nicht die engere Gegenansicht durchsetzt, wonach Kreditnehmer nie dem Geschäftsbereich des Kreditinstituts zuzurechnen sind.

IV. Zusammenfassung

Das Lieferkettensorgfaltspflichtengesetz enthält aus Bankensicht überwiegend typologisch bekannte Funktionselemente der Steuerung (Risikomanagement), der Abgabe von Grundsatzerklärungen und der Einrichtung von Beschwerdeverfahren. Es ist daher anzunehmen, dass zumindest die größeren Institute die Möglichkeit sehen, die Sorgfaltspflichten an diesen Stellen durch Anknüpfung oder Ausweitung etablierter Prozesse ressourcensparsam umzusetzen. Je weiter in einem Kreditinstitut solche Elemente bereits etabliert sind, desto mehr etablierte (Kontroll-)Funktionen bieten sich für eine Federführung an. Dabei werden selbstverständlich insbesondere die Präventionsmaßnahmen wie die Durchführung von Schulungen und Kontrollen (§ 6 Abs. 3 Nr. 3 und 4, Abs. 4 Nr. 3 LkSG) und die Erstellung des Jahresberichts (§ 10 Abs. 2 LkSG) mit Gestaltungsaufwand verbunden sein.

Lieferkettensorgfaltspflichtengesetz – Erste Erfahrungen bei der Umsetzung des Sorgfaltspflichtenprogramms – Eine Betrachtung aus Unternehmenssicht

*Janina Lukas, Dr. David Schneider**

I. Einleitung

ESG ist in aller Munde. Hinter dieser Abkürzung verbirgt sich „*Environment, Social, Governance*“ und ergänzt die großen Schlagworte „Nachhaltigkeit“ und „Sustainability“. Manche sprechen von einem neuen Megatrend. Andere behaupten, dass sich ein solcher schon längst verfestigt habe. Im Zeitalter von Klimawandel und *Climate Litigation*[1], des *EU Green Deal* und von *Fridays for Future* legen (deutsche) Unternehmen immer mehr Wert auf eine ambitionierte Nachhaltigkeitsstrategie. Die politischen Triebfedern werden dabei durch rechtliche befeuert. Zu beobachten ist ein Wechsel von *Soft Law* zu *Hard Law*. Die Übergänge sind fließend.

Der Gesetzgeber bleibt in diesem Umfeld nicht untätig. Im Gegenteil. Neben der Pflicht zur nichtfinanziellen Erklärung (§§ 289b ff. HGB) müssen international tätige Unternehmen aufgrund von Gesetzen aus anderen Jurisdiktionen über Nachhaltigkeitsthemen und Aktivitäten im Bereich der Menschenrechte berichten. Die EU legte im April 2021 den Entwurf einer *Corporate Sustainability Reporting Directive*[2] (CSRD) vor. Die EU-Taxonomie sorgt für großes Aufsehen und auf die Konfliktmineralienverordnung folgte im Sommer 2021 die Verabschiedung eines deutschen Gesetzes über die unternehmerischen Sorgfaltspflichten zur Vermeidung von Menschenrechtsverletzungen in Lieferketten (Lieferkettensorgfaltspflichtengesetz – LkSG) durch den Bundestag. Damit wurde indes kein Schlusspunkt gesetzt. Der Verordnungsvorschlag der EU-Kommission über ent-

---

* Die Autorin *Lukas* ist Head of Ethics & Social Impact der Bayer AG, der Autor *Schneider* ist Senior Compliance Business Partner im Bereich Compliance & Data Privacy der Bayer AG.

1 S. dazu *Wegener*, NJW 2022, 425.

2 Https://eur-lex.europa.eu/legal-content/EN/TXT/?uri=CELEX:52021PC0189; s. dazu *Nietsch*, ZIP 2022, 449.

waldungsfreie Lieferketten[3] sowie nicht zuletzt der Entwurf einer *Directive on Corporate Sustainability Due Diligence*[4] geben reichlich Anlass zur Diskussion.

Dem LkSG war ein aufwendiger Prozess im Rahmen eines sog. Nationalen Aktionsplans (NAP) zur Umsetzung der VN-Leitprinzipien für Wirtschaft und Menschenrechte zwischen den Jahren 2006 und 2020 vorausgegangen.[5] Dessen Ergebnis rechtfertigte – jedenfalls aus Sicht der Bundesregierung – das ambitionierte Ziel eines deutschen Lieferkettengesetzes. Vieles, was bislang freiwillig war, ist nun als bußgeldbewehrte Gesetzespflicht ausgestaltet. Ob die damit verbundenen Vorteile, etwa ein *Level Playing Field* oder justiziable Sorgfaltspflichten in der Lieferkette, den nicht unerheblichen Umsetzungsaufwand für Unternehmen überwiegen, wird intensiv diskutiert.

Das LkSG stellt Rechtsanwender vor die Herausforderung, die Materie Nachhaltigkeit in einen juristischen und justiziablen Kontext zu rücken. Die praktische Umsetzung des LkSG ist für Unternehmen eine Aufgabe, die sich mit der Einführung der Datenschutzgrundverordnung (DSGVO) vergleichen lässt. Sowohl der Implementierungsaufwand als auch die Bußgeldrisiken sind ähnlich hoch.

Nachfolgend möchten wir einen Überblick zu den Bestrebungen von Bayer im Bereich Nachhaltigkeit geben (II.) sowie unsere ersten Erfahrungen bei der vorbereitenden Umsetzung des LkSG bis zu dessen Inkrafttreten am 01.01.2023 teilen (III.).

II. Nachhaltigkeit bei Bayer

Nachhaltigkeit spielt bei Bayer seit vielen Jahren eine herausragende Rolle. Als führendes Unternehmen in den Bereichen Gesundheit und Landwirtschaft tragen wir eine große Verantwortung. Um sicherzustellen, dass wir die Erwartungen der Gesellschaft an uns erfüllen, haben wir 2019 die „Bayer Societal Engagement"-(BASE)-Prinzipien eingeführt.[6] Sie geben weltweit vor, wie sich Bayer gegenüber Mitarbeitern, aber auch gegenüber Patienten, Kunden, Verbrauchern, Geschäftspartnern, politischen Stake-

---

3 Https://ec.europa.eu/environment/publications/proposal-regulation-deforestation-free-products_de.

4 Https://ec.europa.eu/info/sites/default/files/1_1_183885_prop_dir_susta_en.pdf.

5 Https://www.auswaertiges-amt.de/blob/297434/8d6ab29982767d5a31d2e85464461565/nap-wirtschaft-menschenrechte-data.pdf.

6 Https://www.bayer.com/de/nachhaltigkeit/base.

holdern, Wissenschaftlern, Kritikern sowie gegenüber Aktionären verhält. Damit wollen wir unserer gesellschaftlichen Verantwortung als nachhaltig agierendes und transparentes Unternehmen gerecht werden, das für seinen Beitrag zum Fortschritt in Gesundheit und Landwirtschaft respektiert wird.

Im Frühjahr 2022 hat Bayer seinen Nachhaltigkeitsbericht für das Geschäftsjahr 2021 veröffentlicht.[7] Dieser gibt einen umfassenden Einblick in die Nachhaltigkeitsstrategie des Unternehmens und dokumentiert transparent und umfassend die nachhaltigkeitsbezogenen Leistungen von Bayer. Die Nachhaltigkeitsberichterstattung erfolgt entsprechend den Standards der *Global Reporting Initiative*[8] (GRI) und den zehn Prinzipien des *UN Global Compact*[9] (UNGC). Bayer berichtet für 2021 außerdem nach den Anforderungen von SASB[10] (*Sustainability Accounting Standards Board*) und der TCFD[11] (*Task Force on Climate-Related Financial Disclosures*). Klare nichtfinanzielle Kennzahlen unterstützen dabei, die Leistung von Bayer zu messen.

Nachhaltigkeit ist für Bayer mehr als eine unternehmerische Verantwortung: Sie sichert das künftige Wachstum von Bayer. Daher ist Nachhaltigkeit essenzieller Bestandteil der Unternehmensstrategie, Geschäftstätigkeit, Unternehmenswerte und der Art und Weise, wie Bayer Geschäfte führt. Nachhaltigkeit steht im Zentrum der Unternehmensvision *„Health for all, hunger for none"* und beinhaltet für alle Divisionen die drei folgenden Kernelemente:

- Inklusives Wachstum und Mehrwert für die Gesellschaft
- (gleichzeitige) Reduktion des ökologischen Fußabdrucks
- Verantwortungsvolles Handeln entlang Bayers Wertschöpfungskette

Die Strategie von Bayer ist an den globalen Nachhaltigkeitszielen der Vereinten Nationen[12] (*Sustainable Development Goals*, SDG) ausgerichtet, die bis zum Jahr 2030 erreicht werden sollen.

Neben den Bereichen Landwirtschaft, Gesundheit, Klimaschutz und verbesserte Resilienz sowie Geschlechtergleichheit bekennt sich Bayer uneingeschränkt zur Achtung der Menschenrechte. Im Nachhaltigkeits-

---

7 Abrufbar unter https://www.bayer.com/de/medien/nachhaltigkeitsberichte.
8 Https://www.globalreporting.org/.
9 Https://www.unglobalcompact.org/what-is-gc/mission/principles.
10 Https://www.sasb.org/.
11 Https://www.fsb-tcfd.org/.
12 Https://sdgs.un.org/goals.

bericht ist den Menschenrechten ein eigenes Kapitel gewidmet.[13] Bayer gehört zu den Gründungsmitgliedern des UNGC und bekennt sich zur Menschenrechtscharta der Vereinten Nationen sowie zum VN-Zivil- und VN-Sozialpakt. Das Unternehmen unterstützt die VN-Leitprinzipien für Wirtschaft und Menschenrechte, einen der wichtigsten internationalen Standards zur Vorbeugung und Bekämpfung möglicher Menschenrechtsverletzungen im Zusammenhang mit Unternehmenstätigkeiten. Bayer verpflichtet sich, den in den VN-Leitprinzipien beschriebenen menschenrechtlichen Sorgfaltspflichten in seinem Handeln entlang der Wertschöpfungskette nachzukommen. Darüber hinaus unterstützen wir die OECD-Leitsätze für multinationale Unternehmen und die „Dreigliedrige Grundsatzerklärung über multinationale Unternehmen und Sozialpolitik" der Internationalen Arbeitsorganisation (ILO) sowie deren Kernarbeitsnormen.

Im Nachhaltigkeitsbericht für das Geschäftsjahr 2021 finden sich bereits konkrete Aussagen zum LkSG.[14] Hier ist zu lesen, dass Bayer zur Umsetzung der Anforderungen aus dem deutschen LkSG eine divisions- und funktionsübergreifende Arbeitsgruppe gebildet hat.[15] Ebenso, dass Bayer die Zusammenführung des *„Child Care Program"* des akquirierten Agrargeschäfts mit dem *„Bayer Child Care Program"* unter Berücksichtigung der Anforderungen des LkSG im Jahr 2022 weiter voranbringen wird. Außerdem beteiligt sich Bayer aktiv an der Diskussion zur Einführung menschenrechtlicher Sorgfaltspflichten auf EU-Ebene sowie zur Umsetzung der Anforderungen aus dem LkSG in Deutschland. Gemeinsam mit einem Partner wurde ein *„Bayer Straight Talk"* mit Teilnehmenden aus der Politik, Rechtswissenschaft, Zivilgesellschaft und Industrie zur menschenrechtlichen Sorgfaltspflichteninitiative der EU durchgeführt. Auch die Teilnahme auf dem 8. Wiesbadener Compliance Tag findet ausdrückliche Erwähnung im Nachhaltigkeitsbericht.

Mit dem LkSG kommt zu den bereits bestehenden Berichtspflichten eine weitere hinzu. Nach § 10 Abs. 2 Satz 1 LkSG hat ein Unternehmen jährlich einen Bericht über die Erfüllung seiner Sorgfaltspflichten (aus dem LkSG, s. § 3 Abs. 1 LkSG) im vergangenen Geschäftsjahr zu erstellen und spätestens vier Monate nach dem Schluss des Geschäftsjahrs auf der Internetseite des Unternehmens für einen Zeitraum von sieben Jahren kostenfrei öffentlich zugänglich zu machen. Aus Unternehmenssicht stellt

---

13 Kapitel 5.
14 Bayer-Nachhaltigkeitsbericht 2021, S. 72.
15 S. u. III. 2.

sich die Frage, wie sich die Berichtspflicht aus dem LkSG in die bestehenden Berichtspflichten einfügt bzw. einfügen lässt. Neben dem Nachhaltigkeitsbericht gibt Bayer z. B. jährlich ein Statement zu moderner Sklaverei ab[16] und setzt damit ein deutliches Zeichen gegen moderne Sklaverei, Zwangsarbeit, und Menschenhandel; dabei wird den folgenden Gesetzen entsprochen:

- *California Transparency in Supply Chains Act*
- *United Kingdom Modern Slavery Act*
- *Australia Modern Slavery Act*

Bei Bayer ist die *Enabling Function „Public Affairs, Science, Sustainability & HSE“* u. a. für die Steuerung und Kontrolle von Nachhaltigkeitsthemen, welche etwa die Bereiche Menschenrechte und Umwelt umfassen, zuständig. Sie unterstützt den Vorstandsvorsitzenden von Bayer in seiner Funktion als *Chief Sustainability Officer* beim Thema Nachhaltigkeit. Auch im Einkauf existiert eine eigene Nachhaltigkeitsabteilung, die sich u. a. mit den Themen Menschenrechten und Umwelt intensiv befasst. Ein vierstufiger Managementprozess[17] trägt zur Verbesserung der Nachhaltigkeitspraktiken in der Lieferkette bei, und zwar durch:

1. Bewusstseinsbildung,
2. Auswahl der zu bewertenden Lieferanten,
3. Bewertung der Nachhaltigkeitsleistung und
4. Lieferantenentwicklung

Maßnahmen wie dieser vierstufige Managementprozess sind nun im Rahmen der Umsetzung den Anforderungen des LkSG gegenüberzustellen.

III. Umsetzung des LkSG – erste Erfahrungen bei Bayer

Wie für viele andere multinationale Konzerne ist die Umsetzung des LkSG eine große Herausforderung bei Bayer. Im Geschäftsjahr 2021 wurde Bayer von 93.844 Lieferanten (also „unmittelbaren Zulieferern“ i. S. d. § 2 Abs. 7 LkSG) in 144 Ländern beliefert.[18] Die Lieferketten von Bayer sind mitunter sehr komplex und umfassen zahlreiche Lieferantenebenen. Insofern ist

16 Https://www.bayer.com/de/nachhaltigkeit/statement-von-bayer-zu-moderner-sklaverei.

17 Bayer-Nachhaltigkeitsbericht 2021, S. 65 ff.; s. auch https://www.bayer.com/de/einkauf/unser-ansatz.

18 Bayer-Nachhaltigkeitsbericht 2021, S. 64.

die Anzahl der mittelbaren Zulieferer i. S. d. § 2 Abs. 8 LkSG entsprechend um ein Vielfaches höher. Die Umsetzung der Sorgfaltspflichten in Bezug auf Risiken bei mittelbaren Zulieferern (§ 3 Abs. 1 Satz 2 Nr. 8 i. V. m. § 9 LkSG) ist vor diesem Hintergrund nicht unproblematisch – das Erfordernis einer substantiierten Kenntnis schränkt zwar ein, droht aber bei einem teilweise postulierten (zu) weiten Verständnis auszuufern.[19] Dabei erfordert bereits der Blick auf den eigenen Geschäftsbereich (§ 2 Abs. 6 LkSG) mit allen sich stellenden Herausforderungen bei Großkonzernen[20] sowie auf die unmittelbaren, Tier-1-Lieferanten eine arbeitsintensive Befassung mit dem LkSG. Die knapp anderthalb Jahre zwischen Verabschiedung des Gesetzes und dessen Inkrafttreten am 01.01.2023 wirken insofern kurz.

Nachstehend wollen wir einige Eckpunkte der Befassung mit dem LkSG durch Bayer seit ungefähr Ende 2019 skizzieren.

1. *Begleitung des politischen Prozesses*

Bereits im Vorfeld befassten sich sowohl DAX-Konzerne als auch kleine und mittlere Unternehmen (KMU) mit den schlagzeilenträchtigen Nachrichten zu einem deutschen „Lieferketten-“ bzw. „Sorgfaltspflichtengesetz“. Begleitet durch Industrieverbände artikulierten Unternehmen sowohl Zuspruch als auch Sorgen angesichts der weitreichenden neuen gesetzlichen Sorgfaltspflichten und hofften, im politischen Berlin wahrgenommen zu werden.

War zunächst im Frühjahr 2020 ein „Eckpunktepapier“ Grundlage politischer Diskussionen sowie unternehmensinterner Überlegungen, ging es nach Veröffentlichung des Gesetzesentwurfs sehr schnell. Es waren wohl auch die parteiübergreifenden Kontroversen zwischen den beteiligten Ministerien, die – kurz vor Ende der Legislaturperiode – die letzten Meter des LkSG auf dem Weg zum Bundesgesetz prägten. Angesicht der besonderen Bedeutung der Menschenrechte und weitgehend globaler Wertschöpfungsketten hat sich Bayer bereits vor den Diskussionen zu dem Eckpunktepapier positiv zu der anhaltenden Entwicklung der Verrechtlichung von

19 Einer Auslegung des Tatbestandsmerkmals „Kenntnis“ als bloßes „Kennenmüssen“ (vgl. § 122 Abs. 1 BGB) steht allerdings bereits der Wortlaut entgegen und würde den Fokus des LkSG auf den eigenen Geschäftsbereich sowie die unmittelbaren Zulieferer leerlaufen lassen. Dies gilt auch bei großen, gut informierten Konzernen, vgl. dazu *Seibt/Vesper-Gräske*, CB 2021, 357, 360.

20 Zur Frage, was in verbundenen Unternehmen zum eigenen Geschäftsbereich gehört, vgl. *Charnitzky/Weigel*, RIW 2022, 12, 13.

Menschenrechten entlang der Wertschöpfungskette in verschiedenen Medien positioniert.[21]

Bayer beteiligte sich bereits an dem Dialog zur Umsetzung des NAP in Deutschland und begleitete ebenfalls die erste Phase der Entstehung des LkSG aktiv, etwa durch Diskussionen innerhalb der Verbände (z. B. VCI, BDI) sowie in der Arbeitsgruppe "Wertschöpfung und Menschenrechte" von *econsense*.

2. *Konkrete Umsetzung des LkSG*

a. *Bildung einer kross-divisionalen und -funktionalen Task Force*

„Wenn Du nicht mehr weiterweißt, dann bilde einen Arbeitskreis" – dieses Bonmot karikiert wie Unternehmen mit neuen Themen umgehen. Allerdings ist die Bildung eines Projektteams in aller Regel nicht dem Umstand geschuldet, nicht mehr weiterzuwissen. Vielmehr ist es effizient und effektiv, sich durch Projektarbeit einem neuen, komplexen Thema zu nähern. Kurz nach Verabschiedung des Gesetzes haben wir bei Bayer eine kross-funktionale und -divisionale Task Force ins Leben gerufen. Es sollten alle Bereiche mit am Tisch sitzen, die mit dem LkSG maßgeblich in Berührung kommen würden. Dies führte zu folgender Zusammensetzung des Projektteams:

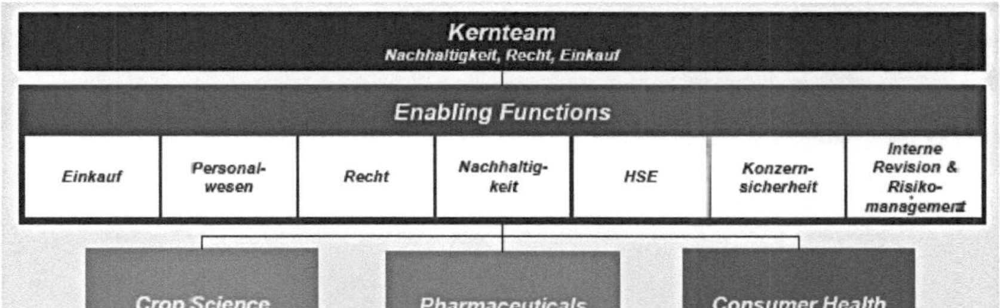

Länder sind über die Funktionen und Divisionen eingebunden

21 Etwa: https://www.zeit.de/wirtschaft/2020-05/bayer-monsanto-misereor/seite-4; https://www.politico.eu/event/csr-for-supply-chains/.

Das Kernteam besteht aus den Funktionen Nachhaltigkeit („Public Affairs, Science, Sustainability & HSE“), Recht und Einkauf. Der Bereich Nachhaltigkeit übernahm die Projektleitung und damit die Hauptverantwortung. Dem lag zugrunde, dass die Umsetzung des LkSG an vielen Stellen Synergien, Überlagerungen und Schnittstellen zur Fortentwicklung von Bayers Menschenrechtsstrategie innehat. Da sich gerade bei einem neuen, komplexen Gesetz kontinuierlich viele Rechtsfragen stellen und es an Sekundärliteratur, Behördenpraxis oder gar Rechtsprechung mangelt, ist oftmals klassische Gesetzesauslegung erforderlich und dies kann durch eine enge Unterstützung der Nachhaltigkeitsabteilung durch die Konzernjuristen gewährleistet werden. Diesen kommt die Aufgabe zu, verbindliche Antworten auf rechtliche Fragen zu finden, die sich praktisch verwirklichen lassen. Die Teilnahme des Einkaufs am Kernteam war wegen der zahlreichen LkSG-relevanten Themen wie Lieferantenmanagement, Verhaltenskodex für Lieferanten[22] oder Einkaufsstrategie angezeigt.

Neben dem Kernteam bestand die Task Force aus den folgenden Funktionen: Einkauf (*Procurement*), Personalabteilung (*Human Resources*), Rechtsabteilung (*Law, Patents & Compliance*), Nachhaltigkeit (*Public Affairs, Science & Sustainability*), Gesundheit, Sicherheit & Umweltschutz (*Health, Safety & Environment*)[23] sowie Konzernrevision (*Internal Audit*) und Risikomanagement (*Risk Management*). Deren wesentliche Berührungspunkte sowie Aufgaben in Bezug auf die Sorgfaltspflichten aus dem LkSG lassen sich wie folgt veranschaulichen:

22 Https://www.bayer.com/de/einkauf/lieferanten-verhaltenskodex.

23 Im Februar 2022 wurden die Abteilungen *Public Affairs, Science & Sustainability* und *Health, Safety & Environment* bei Bayer zusammengelegt.

Funktion	Wesentliche Berührungspunkte/Aufgaben	Zentrale Sorgfaltspflichten
Nachhaltigkeit	Projektverantwortung, Menschrechts-/Umweltstrategie, Stellung Menschenrechtsbeauftragte(r)	Risikomanagement (§ 4 LkSG), Festlegung betriebsinterner Zuständigkeiten (§ 4 Abs. 3 LkSG), Risikoanalyse (§ 5 LkSG), Präventionsmaßnahmen (§ 6 LkSG), Grundsatzerklärung (§ 6 Abs. 2 LkSG), Abhilfe (§ 7 LkSG), mittelbare Zulieferer (§ 9 LkSG), Dokumentation (§ 10 Abs. 1 LkSG), Berichterstattung (§§ 10 Abs. 2, 12 LkSG)
Einkauf	Lieferantenmanagement, Einkaufsstrategie	Präventionsmaßnahmen (§ 6 LkSG), Abhilfe (§ 7 LkSG), mittelbare Zulieferer (§ 9 LkSG)
Personalabteilung	Arbeitnehmerrechte, Koalitionsfreiheit, Trainings	Präventionsmaßnahmen (§ 6 LkSG), Abhilfe (§ 7 LkSG)
Rechtsabteilung	Rechtliche Beratung zu allgemeinen Auslegungsfragen, Compliance Hotline	Abhilfe (§ 7 LkSG), Beschwerdemechanismus (§ 8 LkSG)
Gesundheit, Sicherheit & Umweltschutz	Arbeitsschutz	Präventionsmaßnahmen (§ 6 LkSG), Abhilfe (§ 7 LkSG)
Konzernsicherheit	Nutzung von Sicherheitskräften	Präventionsmaßnahmen (§ 6 LkSG), Abhilfe (§ 7 LkSG)
Konzernrevision & Risikomanagement	Auditierung interner Prozesse, Enterprise Risk Management	Risikomanagement (§ 4 LkSG), Präventionsmaßnahmen (§ 6 LkSG)

b. Projektsteuerung und -management

Aufgabe des sog. Kernteams der Task Force ist u. a. die Projektsteuerung. Diese beinhaltet die Identifizierung der Teilnehmer der Task Force, das Einladen zum Kick-off und zu (regelmäßigen) Task Force-Meetings sowie das Bereitstellen der nötigen Projektinfrastruktur. Dazu zählt etwa das Einrichten eines SharePoint zur Ablage von Projektunterlagen sowie das Erstellen von Templates (Status Updates, Projektplan etc.). Vorteil eines zentralen Ablageortes in Form eines SharePoints ist, dass Dateien in der gleichen Version von verschiedenen Personen simultan bearbeitet werden können. Gleichzeitig wird der Projektfortschritt transparent. Der Task Force können zudem nützliche Informationen auf dem SharePoint niederschwellig zur Verfügung gestellt werden, etwa Fachbeiträge aus der Literatur oder Erläuterungen der Ministerien, Trainingsunterlagen, FAQ oder ein Glossar mit den wichtigsten Begriffen zum LkSG.

Die Arbeit in der Task Force setzt eine strukturierte Zusammenarbeit der einzelnen Bereiche voraus. Dabei ist es Aufgabe des Kernteams, die Mitglieder der Task Force zu führen, sie zu motivieren und bei Rückfragen zu unterstützen. Zu diesem Zweck kommt die Task Force in regelmäßigen Meetings zusammen, in denen das Kernteam über den Projektfortschritt informiert und zum Austausch untereinander einlädt.

Vor dem Hintergrund der verschiedenen Bereiche, die an der Umsetzung des LkSG mitarbeiten, sind klar definierte Verantwortlichkeiten erforderlich. Eine RACI-Matrix kann zu deren Visualisierung und Dokumentation hilfreich sein.[24] Zudem müssen sich die Bereiche aufgrund von Überschneidungen und Schnittstellen eng miteinander abstimmen und vertrauensvoll zusammenarbeiten. Impulse in diese Richtung sollte das Kernteam geben. Spiegelbildlich für diese Komplexität sind die Präventionsmaßnahmen i. S. d. § 6 LkSG. So ist bei Bayer der Bereich Nachhaltigkeit federführend verantwortlich für die Abgabe der Grundsatzerklärung[25] (§ 6 Abs. 2 LkSG) und entwickelt die konzernweite Menschenrechtsstrategie (§ 6 Abs. 3 Nr. 1 LkSG); der Einkauf ist zuständig für die Entwicklung

---

24 Dabei handelt es sich um ein Diagramm, das Aufgaben und Pflichten unterschiedlichen Personen oder Bereichen zuordnet mithilfe der Kategorien *Responsible*, *Accountable*, *Consulted* und *Informed*; vgl. dazu https://de.wikipedia.org/wiki/RACI.

25 Die derzeitige Version einer Policy von Bayer zum Thema Menschenrechte ist abrufbar unter: https://www.bayer.com/de/nachhaltigkeit/policy-von-bayer-zum-thema-menschenrechte; eine neue Version wird voraussichtlich im Jahr 2022 veröffentlicht.

und Implementierung geeigneter Beschaffungsstrategien und Einkaufspraktiken (§ 6 Abs. 3 Nr. 2 LkSG). Die Personalabteilung verantwortet die Organisation und Dokumentation der Trainingshistorie der Mitarbeiter (§ 6 Abs, 3 Nr. 3 LkSG); sorgfaltspflichtenerfüllend kann z. B. ein weltweites Training zum Thema Menschenrechte sein.

Das Kernteam hat des Weiteren die Aufgabe, einen Zeit- sowie Projektplan zu erstellen. Mit deren Hilfe können der Projektfortschritt nachgehalten sowie Meilensteine und Arbeitsergebnisse definiert und dokumentiert werden. Diese Dokumentation trägt zur Erfüllung der Sorgfaltspflicht aus § 10 Abs. 1 LkSG bei und kann eine wertvolle Basis für den Bericht nach § 10 Abs. 2 LkSG sein. Zeit- und Projektpläne sind nie in Stein gemeißelt. Vielmehr erfordern neue Gesichtspunkte, Kapazitätsengpässe oder sonstige Faktoren deren fortwährende Überarbeitung.

Zur Koordination der administrativen Tätigkeiten nutzt Bayer ein sog. PMO (Project Management Office), das entsprechend professionell und strukturiert die Infrastruktur sowie den Fortschritt des Projekts koordiniert und als solches Teil der Task Force ist. Dies erleichtert die Arbeit der übrigen Task Force-Mitglieder, die einen Fokus auf Inhalte setzen können.

Projektsprache für die Umsetzung des LkSG ist bei Bayer Englisch. Einerseits erleichtert dies die Zusammenarbeit in internationalen Teams und trägt dem globalen Wirkungsbereich des Gesetzes Rechnung. Andererseits erfordert dies eine Übertragung und Erläuterung des deutschen Gesetzes in die englische Sprache. Hilfreich war die seitens des BMAS auf dessen Homepage zum Download zur Verfügung gestellte englische Übersetzung des LkSG.[26] Im Falle von Zweifels- oder Auslegungsfragen geht allerdings der deutsche Wortlaut vor; bei der englischen Übersetzung handelt es sich insofern nicht um den offiziellen Gesetzestext, der z. B. vor Gerichten gilt, sondern lediglich um eine *convenience translation*.

c. Projektmethodik

Bei Bayer folgt die Projektmethodik dem Gesetz. Angelehnt an die in § 3 Abs. 1 Satz 2 Nr. 1–9 LkSG genannten Sorgfaltspflichten haben wir einzelne Sorgfaltspflichtenpakete gebildet und diese den zuständigen Bereichen

26 Https://www.bmas.de/SharedDocs/Downloads/DE/Internationales/act-corporate-due-diligence-obligations-supply-chains.pdf;jsessionid=0844EE39A43EA73701C80E2F44169351.delivery2-replication?__blob=publicationFile&v=3.

zur Bearbeitung zugewiesen.[27] Dafür haben wir die Gesetzessystematik nachgezeichnet und die einzelnen zu erfüllenden Tatbestandsmerkmale so herausgearbeitet, dass die zuständigen Bereiche diese Schritt für Schritt bearbeiten können. Mithilfe der Begründung zum Gesetzesentwurf[28] sowie Beiträgen aus der Literatur haben wir auslegungsbedürftige Tatbestandsmerkmale derart erläutert, dass eine praktische Bearbeitung durch die Bereiche möglich wurde. Dies soll die Arbeit der unterschiedlichen Bereiche erleichtern, ohne jedoch zu überfrachten. Entscheidend ist der Transfer einer abstrakten gesetzlichen Pflicht zu einem greifbaren Ergebnis, das sich idealerweise in bereits bestehende Unternehmensprozesse integrieren lässt. Das Kernteam der Task Force unterstützt dabei die einzelnen Bereiche aus der Task Force in sog. *Deep Dives*; dabei ist es weder Ziel noch Aufgabe des Kernteams, gemeinsam mit den zuständigen Bereichen die inhaltliche Arbeit durchzuführen. Vielmehr soll das Kernteam die Bereiche dazu befähigen, diese Aufgabe soweit wie möglich selbst und eigenverantwortlich zu erfüllen.

Die Umsetzung des LkSG ließ sich für uns in drei Projektschritte aufteilen:

1. Gap-Analyse
2. Gap-Closing
3. Übergabe an Linienorganisation

Im ersten Schritt erfolgt eine *Gap-Analyse*. Mit deren Hilfe messen wir bereits bestehende Prozesse und Aktivitäten von Bayer daran, ob und inwieweit diese den Anforderungen des LkSG Genüge tun. In einem zweiten Schritt erfolgt das *Gap-Closing*, also das Schließen etwaiger festgestellter Lücken zwischen gesetzlichen Anforderungen und bereits ergriffenen Maßnahmen.

Nach erfolgreichem *Gap-Closing* erfolgt eine Übergabe an die Linienorganisation, idealerweise vor dem Inkrafttreten des LkSG am 01.01.2023. Durch die Übergabe an die Linienorganisation wird gewährleistet, dass die Sorgfaltspflichten auch zukünftig (also nach Projektende) entsprechend der gesetzlichen Systematik fortlaufend erfüllt werden und entsprechende Verantwortlichkeiten im Unternehmen definiert sind. Nur so ist eine hinreichende Überwachung des Risikomanagements (etwa durch einen Men-

27 Nach unserer Auffassung handelt es sich bei Dokumentation (§ 10 Abs. 1 LkSG) und Berichterstattung (§ 10 Abs. 2 LkSG) um zwei eigenständige Sorgfaltspflichten.

28 BT-Drucks. 19/28649.

schenrechtsbeauftragten, § 4 Abs. 3 Satz 1 LkSG) möglich. Auch gilt es, Prozesse zu implementieren, die eine jährliche oder anlassbezogene Durchführung der Risikoanalyse (§ 5 Abs. 4 LkSG) bzw. Prüfung der Wirksamkeit der Präventions- (§ 6 Abs. 5 LkSG) oder Abhilfemaßnahmen (§ 7 Abs. 4 LkSG) oder des Beschwerdeverfahrens (§ 8 Abs. 5 LkSG) sicherstellen.

IV. Fazit und Ausblick

Die Implementierung des LkSG ist der erste Schritt – viele weitere werden folgen. Nicht nur Rechtswissenschaftler warten sehnsüchtig auf weitere Antworten auf die vielen offenen Fragen zum neuen Gesetz. Unternehmen beobachten aufmerksam, welche Handreichungen (§ 20 LkSG) das zuständige Bundesamt für Wirtschaft und Ausfuhrkontrolle (BAFA) veröffentlichen wird, welche Behördenpraxis (vgl. § 14 ff. LkSG) sich herauskristallisieren lässt und wie erste Gerichtsentscheidungen ausfallen werden. Daneben verlangt der europäische Vorstoß einer *Directive on Corporate Sustainability Due Diligence* einen Blick auf die zu erwartenden Erweiterungen der Lieferketten-Due Diligence, möglicherweise eine Einbeziehung der gesamten Wertschöpfungskette sowie die Berücksichtigung weiterer Umweltrisiken. Es stellt sich die Frage, ob darin enthaltene Aspekte bereits bei der Umsetzung des LkSG berücksichtigt werden können. Zu denken wäre z. B. an eine stärkere Einbeziehung der Wertschöpfungskette (inkl. Downstream-Aktivitäten) oder von Umweltrisiken. Es gibt noch viel zu tun.

FSC
www.fsc.org
MIX
Papier | Fördert gute Waldnutzung
FSC® C083411

Kolibri 360 GmbH
Ferdinand-Jühlke-Straße 7
99095 Erfurt, Deutschland
produktsicherheit@kolibri360.de